ADLERIAN PSYCHOTHERAPY

아들러 심리치료

Jon Carlson · Matt Englar—Carlson 공저 | 강영신 · 유리향 · 오익수 공역

학지사

· 역자 서문 ·

　우리는 아들러 심리학을 좋아합니다. 아들러가 설파한 인간의 본성, 정신 건강과 행복에 관한 아이디어는 백여 년이 훨씬 지난 지금도 우리의 마음을 설레게 합니다. 너무도 당연하지만 인간이 원래 불완전한 존재이고, 이러한 불완전함을 감당하는 것이 마땅하며, 우리는 불완전한 모습 그대로 충분히 훌륭하기 때문에 단지 현재의 불완전한 모습을 출발점으로 하여 조금 더 나아지기 위해 노력하는 삶이면 충분하다는 것입니다. 또한 우리는 우리가 처한 환경에서 생존하기 위하여 더 나은, 더 완전한 삶을 지향하며 매 순간 최선의 행동을 선택하고 있습니다. 이러한 행동들이 축적되면 우리는 고유한 자기만의 삶의 방식, 삶에 대처하는 방식을 형성하게 됩니다.

　우리가 나이가 들어 가고 우리가 접하는 사회적 환경이 변화하면서 기존의 삶의 방식과 대처방식이 세상을 살아가는 데 더 이상 유용하지 않을 때 어려움을 겪게 됩니다. 상담자는 내담자가 제기하는 문제행동 속에서 그동안 효과적이었던 삶의 전략을 발견하고, 내담자의 삶에서 어떤 변화가 있어서 기존의 삶의 전략이 유용하지 않게 되었는지를 확인합니다. 또한 삶의 변화된 환경에 따라 새롭게 요구되는 삶의 전략이 무엇인지 탐색하여, 내담자의 그동안의 삶의 전략을 수정하거나 풍요롭게 하여 내담자가 세상을 건강하게 살아가도록 도우면 된다는 것입니다. 이는 내담자의 문제를 병리 모델이 아닌 성장 모델로 접근하는 것을 의미합니다. 즉, 우리는 성장을 거듭하면서 변화하는 삶의 환경의 요구에 맞추어 새롭게 대처하면서 지금까지처럼 항상 최선을 다해서 살면 된다는 것입니다.

　또한 우리 인간은 사회적 맥락에서 태어나고 살아가는 운명이기 때문에, 우리의 정신 건강과 행복도 사회적 맥락에서 찾아야 합니다. 아들러 심리학은 이를 사회적 관심 또는 공동체감이라고 지칭하며 우리가 사회적 관심 또는 공동체감을 지향할 때 정신적으로 건강하고 행복할 수 있음을 강조합니다.

　아들러의 이러한 창의적인 아이디어는 실존적-인간주의 치료, 인지 행동 치료, 인지 치료, 합리적 정서 행동 치료, 현실 치료, 해결 중심 단기 치료, 가족 치료, 구성주의 치료 등 오늘날의 많은 상담 및 심리치료 이론에 스며들어 여전히 영향을 미치고 있으며, 전통적인 아들러 심리치료 이론도 현대적인 증거 기반 모델에 부응하면서 발전을 거듭하고 있습니다. 이번에 번역하게 된 존 칼슨 박사의 『아들러 심리치료(Adlerian Psychotherapy)』는 아들러 심리치료의 역사, 이론, 치료 과정, 평가, 향후 전망 등을 짜임새 있게 소개하고 있으며 아들러 심리치료의 과거와 현재, 미래를 조망하고 있습니다. 많은 독자가 아들러의 민주적인 개념을 통해 개인, 가족, 사회, 국가 등의 문제를 해결하는 실마리를 찾고, 아들러 심리학을 좋아하는 동지가 되어, 더욱 행복해지시기를 바랍니다.

　끝으로 어려운 출판 여건에서도 『아들러 심리치료』의 출간을 허락해 주신 학지사의 김진환 사장님께 감사드리며, 책을 원활하게 출판하도록 도움 주신 윤상우 과장님과 꼼꼼하게 편집해 주신 김지혜 님께 감사의 마음을 전합니다.

2025년 3월

역자 대표 오익수

어떤 사람은 현대 심리치료의 임상에서 증거 기반 개입과 효과적인 성과가 이론보다 중요하다고 주장할 수 있다. 그럴 수도 있다. 하지만 이 시리즈의 편집자로서 우리는 그 논쟁을 여기서 다루고자 하는 것은 아니다. 심리치료자들이 어떤 이론을 채택하고 그에 따라 치료하는 이유는 심리치료자로서의 경험과 수십 년에 걸친 좋은 증거에 따라 심리치료에 대한 견실한 이론이 있으면 치료의 성공률이 높아진다는 것을 우리는 알기 때문이다. 그럼에도 불구하고, 여전히 치료 과정에서의 이론의 역할을 설명하기 어려울 수 있다. 문제 해결에 대한 다음 이야기는 이론의 중요성을 전달하는 데 도움이 된다.

『이솝 우화』에는 태양과 바람이 누가 더 힘이 센지 시합을 벌이는 이야기가 나온다. 땅 위에서 길을 걷고 있는 한 남자를 발견한 바람은 그 남자의 외투를 벗길 수 있는지 내기를 하자고 제안했다. 태양은 내기에 동의했다. 바람이 불자 남자는 코트를 단단히 붙잡았다. 바람이 강하게 불수록 남자는 코트를 더 꽉 붙잡았다. 태양이 자신의 차례라고 말했다. 태양은 온 힘을 다해 따뜻한 햇살을 만들어 냈고, 곧 남자는 코트를 벗었다.

남자의 외투를 벗기려는 태양과 바람의 경쟁이 심리치료 이론과 어떤 관련이 있을까? 겉으로는 단순해 보이는 이 이야기는 이론이 효과적인 개입과 긍정적인 성과를 위한 선행 조건으로서 얼마나 중요한

지를 강조한다고 생각한다. 이론이 없다면 개인의 역할을 이해하지 못한 채 증상만 치료할 수 있다. 또는 내담자와 권력 갈등을 일으키고 때로는 간접적인 조력 방법(햇빛)이 직접적인 조력 방법(바람)보다 효과적일 수 있다는 사실을 이해하지 못할 수도 있다. 이론이 없으면 치료의 논리적 근거를 놓치고, 대신 사회적 올바름이나 너무 단순해 보이는 일을 하고 싶어 하지 않는 것 등에 빠질 수 있다.

이론이란 정확히 무엇인가? 미국심리학회(APA)에서 발간한 『심리학 사전(Dictionary of Psychology)』에서는 이론을 '여러 가지 상호 관련된 현상을 설명하거나 예측하기 위한 원리 또는 상호 관련된 원리들의 집합'이라고 정의한다. 심리치료에서 이론은 사람을 변화시키는 원인을 포함하여 인간의 사고와 행동을 설명하는 데 사용되는 일련의 원리이다. 실제로 이론은 치료의 목표를 설정하고 이를 추구하는 방법을 구체화한다. 헤일리(Haley, 1997)는 심리치료 이론은 보통의 치료자도 이해할 수 있을 만큼 간단해야 하지만, 다양한 상황을 설명할 수 있을 만큼 포괄적이어야 한다고 언급했다. 또한 이론은 치료자와 내담자 모두에게 회복이 가능하다는 희망을 불러일으키면서 성공적인 결과를 향한 행동으로 안내한다.

이론은 심리치료자가 방대한 상담 실제 영역을 탐색할 수 있도록 도와주는 나침반이다. 내비게이션 도구가 수정되는 것과 마찬가지로 사고의 발전과 끊임없이 확장되는 탐구 영역에 적응하기 위해 심리치료 이론도 시간이 지남에 따라 변화해 왔다. 다양한 이론의 학파를 일반적으로 물결(wave)이라고 하는데, 첫 번째 물결은 정신역동 이론(예: 아들러 이론, 정신분석 이론)이다. 두 번째 물결은 학습 이론(예: 행동주의 이론, 인지행동주의 이론), 세 번째 물결은 인본주의 이론(인간 중심 이론, 게슈탈트 이론, 실존주의 이론), 네 번째 물결은 페미니즘 및 다문화 이론, 다섯 번째 물결은 포스트모던 및 구성주의 이론(예: 내러티브 이론, 해결 중심 이론) 등이다. 여러 가지 면에서 이러한 물결은 심리치료가 심리학, 사회, 인식론에서의 변화뿐만 아니라 심리치료 자체의 본질적 변화에 적응하고 대응해 온 방식을 나타낸다. 심리치료와 심리치료를 이끄는 이론들은 역동적이고 반응적이다. 또한 다양한 이론은 동일한 인간 행동을 개념화할 수 있는 방식이 다양하게 존재한다는 증거이기도 하다(Frew & Spiegler, 2012).

이 두 가지 개념, 즉 이론의 중요성과 이론적 사고의 자연스러운 진화를 염두에 두고 "APA 심리치료 이론 시리즈"를 개발했다. 우리 두 사람은 이론과 각 모델을 움직이는 다양하면서도 복잡한 아이디어에 깊이 매료되었다. 심리치료 이론을 가르치는 대학 교수로서 우리는 전문가와 수련 중인 이들을 위해 주요 이론의 본질을 강조할 뿐만 아니라 독자에게 모델의 현재 상태를 명확하게 알려 주는 학습 자료를 만들고 싶었다. 이론에 관한 책에서는 종종 이론 창시자의 전기가 모델의 진화를 압도하는 경우가 많다. 이와는 대조적으로, 우리의 의도는 이론의 현대적 활용과 그 역사 및 맥락을 강조하는 것이다. 더 나아가, 우리는 각 이론이 상담 과정에서 인간의 다양한 특성과 상황을 전반적으로 반영할 수 있도록 하고 싶었다.

이 프로젝트를 시작하면서 우리는 어떤 이론을 다룰지, 그리고 누가 이론을 소개하게 할지 두 가지 즉각적인 결정을 내려야 했다. 우리는 어떤 이론을 가르치고 있는지 알아보기 위해 대학원 수준의 심리치료 교과 과정을 살펴보고, 어떤 이론이 가장 관심을 끄는지 알아보기 위해 인기 있는 학술 서적, 기사, 학술대회를 조사했다. 그런 다음 현대 이론의 임상 실제 분야 최고 전문가들 중에서 이상적인 저자목록을 만들었다. 각 저자는 해당 접근법의 주요 지지자 중 한 명일뿐만 아니라 지식이 풍부한 상담자이기도 하다. 우리는 각 저자에게이론의 핵심 구성을 검토하고 증거 기반 실제의 맥락을 통해 이론을살펴봄으로써 이론을 현대 임상 실제에 적용해 보면서 이론이 실제로어떻게 적용되는지를 명확하게 설명해 줄 것을 요청했다.

이 시리즈에는 26개의 주제가 계획되어 있다. 각 주제는 단독으로사용하거나 몇 개의 다른 주제와 함께 묶어 심리치료 이론 강의용 자료를 만들 수도 있다. 이 방식은 교수자들이 오늘날 가장 중요한 접근법이라고 생각되는 이론들을 중심으로 수업을 구성할 수 있도록 한다. 이를 지원하기 위해 APA Books는 대부분의 접근법에 대해 실제내담자와 함께 이론을 실제로 시연하여 보여 주는 DVD도 개발했다.대부분의 DVD는 6회기에 걸친 치료 과정을 보여 준다. 사용 가능한DVD 프로그램의 전체 목록은 APA Books에 문의하길 바란다(http://www.apa.org/pubs/videos).

『아들러 심리치료』에서는 우리가 선호하는 심리치료 이론을 공유할 수 있는 기회를 가졌다. 이 책은 현대 아들러 심리치료에 대한 최초의 명확한 설명 중 하나를 제공한다고 믿는다. 원래의 고전적 아들러 심리치료는 장기적인 접근법으로 정신분석과 유사했으나, 이 책에서 제시하는 **아들러 심리치료** 접근법은 오늘날 내담자와 심리치료자의 요구와 특성에 맞는 단기적인 접근법이다. 이 책에서는 명확한 이

론과 함께 아들러 심리학의 여러 기법에 대한 정보를 제공한다. 우리
는 "APA 심리치료 이론 시리즈"에 소개된 대부분의 현대 심리치료
접근법이 명확하게 인정받든 인정받지 못하든 아들러 접근법에 뿌리
를 두고 있다고 믿는다. 이러한 인식은 여러 아들러 동료와 함께 모
든 치료자가 어떤 면에서는 아들러주의자일 수 있다는 결론을 내리게
한다. 다만, 문제는 그들이 얼마나 아들러주의자인가 하는 것이다.
이 책도 "APA 심리치료 이론 시리즈"의 다른 책들과 마찬가지로 도
움이 되기를 바란다.

존 칼슨과 매트 잉글러-칼슨

참고문헌

Frew, J., & Spiegler, M. (2012). *Contemporary psychotherapies for a diverse world* (1st Rev. ed.). New York, NY: Routledge.

Haley, J. (1997). *Leaving home: The therapy of disturbed young people*. New York, NY: Routledge.

·감사의 글·

울타리 기둥 위에 거북이가 있는 것을 보면 거북이가 혼자서 거기까지 올라간 것이 아니라는 것을 알 수 있다는 말이 있다. 알프레트 아들러의 사상에 대한 포괄적인 책을 개발할 수 있도록 적극적이든 소극적이든 우리의 성장과 발전을 안내하고 영향을 주었으며 지혜를 나누고 이 책이 탄생할 수 있도록 도와준 많은 저자, 교사, 임상가에게 감사드린다. 아들러 대학교와 캘리포니아 주립대학교 풀러턴 캠퍼스, 그리고 아들러 커뮤니티의 동료들은 우리의 노력을 일관되게 지지해 주었다. APA Books의 수전 레이놀즈와 팀의 지원에도 감사드린다. 아들러 심리치료의 미래에 대한 비전을 제시해 주신 제6장의 기여자분들에게도 감사의 말씀을 전한다.

나(존)는 아들 매트와의 관계에 감사하고 있다. 아들이 태어나면서부터 나는 건강한 아이로 키우는 데 필요한 아버지 역할을 해야 한다는 의무감을 느꼈다. 나는 알프레트 아들러의 저서를 참조하며 방향을 잡았다. 우리가 인생의 여정을 함께 하면서 상황이 바뀌었고 나는 더 이상 아들을 돌보는 것이 아니라 우리 관계를 즐기는 데 집중할 수 있게 되었다. 오늘날 우리는 서로의 역할이 바뀌고 아들이 나를 돌보기 시작하는 새로운 인생의 단계에 와 있다. 의식하든 의식하지 못하든 언제나 그 여정은 기쁨이었다. 또한 50년 가까이 아내 로라와 이 여정을 함께할 수 있어서 감사하게 생각한다. 아내는 결혼 생활에서도, 우리의 다섯 자녀를 아들러식으로 양육하는 데 있어서도 진정한 동반자가 되어 주었다.

나(매트)는 아버지인 존과의 관계와 아들러 심리치료에 관한 책을 함께 쓰게 된 일련의 사랑 가득한 경험과 사건에 대해 감사하고 있다. 어머니 로라도 많은 도움을 주셨고, 아들러에 대해 글을 쓰고 가르칠 수 있는 능력은 나만의 의미와 소속감을 찾을 수 있도록 자연스럽고 논리적인 결과를 제공해 주신 부모님의 덕분이라고 생각한다. 아내 앨리슨과 아들러 육아법을 실천할 수 있게 해 준 아이들 잭슨과 베아트릭스에게도 감사한다. 마지막으로, 내 아내, 앨리슨에게 감사를 전한다. 우리의 파트너십에 대해, 그리고 그녀의 궤도 안에서 머무를 수 있게 해 준 것에 감사한다.

◆ 차례 ◆

 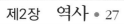

제7장 요약 • 191

| 제1장 |

서론

그들은 나의 적일 수도 있다—어쩔 도리가 없다—
그러나 나는 그들의 적이 되지는 않겠다.

— 알프레트 아들러

    알프레트 아들러(Alfred Adler)는 사람들이 가족, 친구, 다른 사람들과 잘 지내도록 돕고 싶었다. 그는 각 개인을 둘러싼 세계와의 협력 및 연결의 역할을 중요하게 생각했다(Adler, 1938; Ansbacher, 1992a; King & Shelley, 2008). 그의 메시지는 개인이 선택하는 힘, 인류의 보편적인 동료 의식, 긍정적이고 격려하는 삶에 초점을 두는 것의 중요성, 사회적 불평등의 근절, 그리고 사회적 관계의 우선성(primacy)을 강조했다.

    알프레트 아들러는 심리치료의 역사에서 중추적 인물이었다. 아들러는 원래 지그문트 프로이트(Sigmund Freud)의 동료이자 초기 지지자였지만, 그는 인간 본성에 대한 자신만의 이론을 발달시켰고, 곧 이러한 아이디어를 추구하기 위해 프로이트와 결별했다(Fiebert, 1997). 아들러[나중에는 칼 융(Carl Jung)]가 프로이트와 분리 또는 결별한 것은 심리학 역사에 잘 기록되었으며(Ellenberger, 1981; Handlbauer, 1998), 프로이트와 융 그리고 아들러는 현대 심리치료의 창시자로 여겨진다. 그러나 프로이트와 융이 '명성'과 인지도를 가지고 있는 반면에, 아들러는 그다지 두드러지지 않는다는 점이 이상하게 느껴질 수 있다. 하지만 프로이트와 융의 아이디어와 다르게, 아들러의 아이디어는 이어져 내려와 가장 현대적인 심리치료법의 핵심 요소를 구성한 것으로 보인다. 그의 이름이 배경 속으로 사라졌다 하더라도, 그의 아이디어는 여전히 최전선에 남아 있다. 그는 심리치료 분야에서 가장 영향력 있지만, 가장 인정받지 못한 심리학자 중 한 명이 되었다.

아들러는 사람들이 어려움을 극복하고 실제로 삶을 변화시키기 위해 노력하는 성장 심리학을 구상했다. 비록 알프레트 아들러가 다른 사람들(예: 엘리스, 벡, 매슬로, 로저스)이 자신의 아이디어를 그들의 새로운 이론에 통합하도록 영감을 주었으나, 아들러의 심리치료 접근 방식은 여전히 통합적인 모델로 남아 있다. 이 접근 방식의 구성 요소들은 여러 접근에서 쉽게 찾아볼 수 있지만, 정작 아들러 접근법 자체는 잘 알려져 있지 않다.

아들러의 전체 모델이 거의 100년 전에 만들어졌음에도 불구하고, 아들러의 독창적인 아이디어가 현대 실시되는 상담 실제에 부합하는 것은 매력적이다! 평등, 격려, 옳고 긍정적인 것에 대한 탐구, 정신 건강과 관계에 대한 강조, 사회적 관심 개념, 문화적 및 맥락적 요인을 고려해야 할 필요성에 대한 그의 비전은 사람들이 성장하고 자신의 잠재력을 발달시키도록 돕는 최첨단 주제들을 그대로 보여 주는 것 같다. 놀랍게도 이러한 아이디어뿐 아니라 그 외 많은 아이디어가 오늘날 조력 방법의 기반이 되었지만(Carlson, 2015a), 알프레트 아들러에 대한 언급이나 인정은 거의 없다.

아들러의 아이디어는 조력에 대한 대부분의 현대적인 또는 신프로이트(Neo-Freudian) 접근법(예: 호나이, 설리반, 프롬)의 핵심을 이루고 있다. 실제로 아들러 접근법과 신프로이트 접근법 간에는 너무 많은 유사성이 있어 여러 학자가 이러한 접근법을 신아들러(Neo-Adlerian) 접근법이라고 수정해서 불러야 한다고 제안했다(Mosak & Maniacci, 1999). 대부분의 선도적인 현대 심리치료 접근법은 생물학적 요인만이 아닌 사회적 관계, 성적 본능에 의한 추동이 아닌 자기실현추구, 조력에 대한 객관적 접근법보다는 주관적인 접근법, 그리고 초기 경험의 영향보다는 현재의 힘을 강조한다. 아들러는 조력의 핵심 전략으로서 관계의 중요성과 공감의 사용을 강조했다. 그의 접근법은 인지행동주의, 가족치료, 실존주의, 현상학, 심리도식, 인본주의, 인간 중심 접근법의 뿌리이다(Ansbacher & Ansbacher, 1956; Bitter, 2013; Carlson, 2015a; Carlson, Watts, & Maniacci, 2006; Corey, 2016; Norcross, Hedges, & Prochaska, 2002; Watts & LaGuardia, 2015). 심리치료에 대한 신아들러 접근법을 주제로 2017년에 『개인심리학회지(The Journal of Individual Psychology)』 특별 호가 출간되었다. 특별 호에서는 아들러 이론과 실제를 병행하는 여러 선도적인 치료 접근법의 구성 요소를 강조했다.

알프레트 아들러의 개인심리학은 인간 행동에 대한 현상학적이고 총체적인 이해를 바탕으로 한다. 아들러는 나눌 수 없는(쪼갤 수 없거나 전체적인) 성격의 본성을 강조하고, 개인 정신의 본질적인 통일성을 언급하기 위해 **개인심리학**(individual psychology)이라는 용어를 자신의 접근 방식에 사용했다. 아들러 학파는 전체론과 각 개인이 삶을 통해 어떻게 움직이는지에 초점을 맞추며, 개인을 각 부분으로 분해하여 이해할 수 없지만(즉, 환원주의), 개인의 모든 측면은 전체적인 패턴과 사회적 체계와의 관계에서 이해되어야만 한다고 했다(Maniacci, Sackett-Maniacci, & Mosak, 2014). 예를 들면, 곡 전체를 들은 이후에야 베토벤이 만든 곡이라고 말할 필요는 없다. 알 수 있는 패턴이나 멜로디만 발견해도 베토벤의 곡이라는 것을 알 수 있다. 현상학적 관점에서 볼 때, 각 사람은 독특한 관점으로 상황을 바라본다. 우리는 자신의 삶을 살아가고, 자신의 세계관이 **마치** 정확하거나 옳은 것**처럼 행동한다**(act as if). 우리의 관점이 왜곡되었을 때, 우리의 생각은 잘못되고 정서는 파괴적이며 행동은 부적절해진다.

　아들러 심리학으로 훈련된 심리치료자는 모든 행동은 목적이 있고 사회적 맥락에서 발생한다고 믿었으며, 이러한 인지적 경향과 **생활양식**(문자 그대로 삶을 다루는 자신의 방식)은 생애 초기에 만들어지고, 가족 구도(family constellation)와 같은 초기 사회적 환경 내에서 형성된다고 했다. 가족 분위기, 가족 가치, 성별을 포함하는 가족 구도는, 가족의 기본적인 출생(실제적이 아닌 심리적인) 순위에 따라 가족 체계 내에 소속되기 위해 서로 다른 세계관과 삶의 요구가 강조됨을 보여준다. 가족에서 이러한 위치는 생활양식에 영향을 미친다. 각 사람은 독특하다. 그리고 삶의 방식(즉, 생활양식)은 부분적으로 다른 가족 구성원이 서로 다른 행동과 태도에 어떻게 반응하는지를 보고, 부분적으로 어린 시절에 내린 결론으로부터 형성된다. 생활양식은 우리가 행동하고, 생각하며, 인식하는 특징적인 방식이며, 우리가 살아가는 방식이다. 생활양식으로부터 우리는 삶의 도전과 과제에 대처하는 방법을 선택한다.

앞에서 언급한 대로, 아들러 학파는 모든 행동을 목표 지향적이라고 이해한다. 사람들은 자신이 중요하거나 의미 있다고 믿는 것을 미래에 달성하기 위해 끊임없이 노력한다. 아들러는 모든 사람에게 일, 우정, 사랑(친밀감)의 기본적인 세 가지 생애 과제가 있다고 믿었다. 일(work) 과제는 일하는 것이 의미 있고 만족스러울 때 실현된다. 우정(friendship) 과제는 다른 사람과의 만족스러운 관계를 통해 얻어진다. 사랑(love) 또는 친밀성 과제는 자신뿐만 아니라 다른 사람을 사랑하는 것을 배움으로써 해결된다. 현대 아들러 학파는 여가(recreational) 과제, 영성(spiritual) 과제(Maniacci et al., 2014), 양육 및 가족 과제(Dinkmeyer, Dinkmeyer, & Sperry, 1987)의 세 가지 추가 과제의 숙달이 필요하다고 제안했다. 정신적으로 건강한 사람은 궁극적으로 삶의 도전으로 나타나는 이러한 각각의 과제를 완수하기 위해 노력한다.

아들러 이론에 따르면, 인간은 사회적 존재이며, 따라서 모든 행동은 사회적인 것에 기반을 두고 있어서 사회적 의미를 지닌다고 주장한다(Watts, 2000b). 아들러는 인간관계와 다른 사람들과 연결되어 있는 것의 중요성, 그리고 사람들이 속해 있는 더 큰 공동체와의 연결을 강조했다. 사람은 항상 소속되고, 사회적 환경에 적응하기 위해 노력한다고 간주된다. 외부 세계도 가족 세계와 마찬가지로 그들의 의식을 형성한다. 아들러 이론의 핵심 특징은 사람들과의 협력, 소속, 공동선(common good)에 참여하는 **사회적 관심**(social interest)을 강조

하는 것이다. 사회적 관심은 다른 사람에 대한 공감 또는 연민과 같
다. 아들러 학파는 사회적 관심이 발달함에 따라 열등감과 파괴적 행
동이 감소한다고 언급하면서, 사회적 관심을 정신 건강의 척도로 간
주할 정도로 매우 중요시한다(Ansbacher, 1991, 1992b; Bickhard & Ford,
1991). 아들러는 민주적인 가족 구도를 만들고, 건강한 사회적 관심을
길러 자녀 양육의 이상적인 문화를 조성하는 삶의 철학을 발전시키는
것을 목표로 했다(Dufrene, 2011).

아들러가 보기에 사회적 불평등은 전체 인류에 해를 끼치는 질병
이다. 그는 여성, 아동, 그리고 기타 사회적 맥락에서 소외된 집단의
권리를 옹호하는 선도자 중 한 명이었다. 아들러는 직장에서 여성에
대한 동등한 임금을 장려했고, 사회 내에서 존재하는 여성에 대한 폭
력 문제를 다루었으며, 심리적 기능 향상을 위한 기제로서 사회적 평등
을 보다 보편적으로 장려했다(Bitter, Robertson, Healey, & Jones-Cole,
2009). 그는 권력자와 소외된 자의 건강이 관련되어 있고, 억압의 이
중성으로 인해 모든 사람이 사회적 불평등에 직면하여 고통받는다는
것을 잘 인식하고 있었다. 그의 생각은 정서적·사회적·생태적 지능
의 중요성을 강조한 현대 심리학자 대니얼 골먼(Daniel Goleman,
2015)의 생각과 나란히 한다. 아들러처럼, 골먼은 삶의 행복과 만족은
자신, 타인, 일, 환경과의 관계의 결과라고 이해한다. 최근 골먼은 노
벨 평화상 수상자인 달라이 라마(Dalai Lama) 성하와 협력하여 자비
(compassion)와 사회적 관심의 중요성을 강조했다. 그들의 견해 역시
공동체감(gemeinschaftsgefühl) 또는 공동체 중심(community focus)이라
고도 하는 아들러의 사회적 관심과 유사하다. 아들러 이론은 사회적 평

등이 보편화된 공동체에서 개인의 심리적 건강이 활짝 피어날 수 있는 기회를 제공하도록 설계되었다. 그것은 정신병리(psychopathology)를 치료할 수 있을 뿐만 아니라 예방할 수 있는 사회를 만들 가능성을 제시한다(Dufrene, 2011).

아들러 학파는 사회적 맥락 내에서 개인을 이해한다. 따라서 아들러 학파는 문화 및 맥락적 요인이 개인에게 미치는 영향에 관심이 있다. 이러한 맥락적 이해는 아들러 이론을 공부하는 사람들이 종종 놓치는 접근법의 본질에 내재되어 있다. 칼슨과 스페리(Carlson & Sperry, 1998), 와츠(Watts, 2003)는 아들러가 어떻게 구성주의 접근법의 창시자가 되었는지에 관한 글에서 이런 측면을 강조했다. 예를 들어, 공동체는 아들러의 초기 저술에서 쉽게 찾아볼 수 있다. 그는 사회의 구경거리로서 서커스 공연자들이 어떻게 소외되고 배척되는지, 그리고 재봉 일을 하는 사람들이 열악한 작업 환경으로 인해 어떻게 실명되었는지 썼다. 이처럼 환경과 그 환경의 맥락은 개인의 건강에 영향을 미친다. 삶의 후반에 아들러는 유럽의 사회적 불안, 전쟁, 반유대주의/민족 갈등/민족주의로 인해 사람들이 어떻게 영향을 받았는지에 초점을 두었다(Hoffman, 1994).

또한 아들러는 전쟁 중인 국가 간 오해 문제를 다루려고 노력하면서 유럽의 많은 문화적 차이를 이해했다. 아들러는 건전한 교육을 통해 많은 분쟁과 고통을 피할 수 있다고 주장했다. 그는 많은 국가가 열등감이나 무의미함, 관심 부족과 같은 심리적 문제를 전쟁으로 해결하려는 것을 보았다(Bottome, 1939).

아들러 학파는 성장 모델을 지지하며, 한 사람의 운명은 결코 고정되거나 미리 결정되지 않으며 개인은 항상 '되어 가는(becoming)' 과정에 있다고 주장한다. 아들러 심리치료자는 삶에 어려움을 겪고 있는 사람, 혹은 '정신병리'는 아픈 게 아니라 낙담한 것이라고 믿었다 (Maniacci et al., 2014; Sperry, Carlson, Sauerheber, & Sperry, 2015). 아들러 심리치료자는 또한 내담자가 삶을 다루는 대안적인 방법을 선택하기 위해 창조성을 사용할 수 있다고 본다. 정신병리는 잘못된 개념과 잘못된 가정, 낮은 사회적 관심, 낙담, 비효과적인 생활양식에 기반한 것이라고 생각한다(Sperry et al., 2015). 따라서 상담과 심리치료의 과제는 내담자가 생애 과제를 완수하기 위해 더 많은 사회적 관심을 발달시키고, 더 효과적인 생활양식을 만들도록 격려하는 것이다.

실제로 아들러 심리치료는 심리 교육적 · 현재/미래 지향적 · 단기적인 접근법이다(Carlson, Watts, & Maniacci, 2006). 장기적인 정신분석과 유사한 고전적인 아들러 심리치료가 여전히 일부 기관에서 시행되고 있지만, 이 책은 보다 시간적 제한이 있는 다른 접근법과 일치하는 현대적인 아들러 심리치료 접근법에 초점을 둔다. 아들러의 아이디어와 방법은 모든 환경(예: 지역사회 기관, 학교, 기업, 아동 생활지도 센터, 병원/의료 센터, 교도소, 가정, 사설 기관)에서 효과적으로 적용되어 왔다. 이 이론은 '상식(commonsense)' 또는 '서민적(blue collar)'으로 특징지어져 왔지만, 아직도 여전히 아들러가 의도하고 만든 대로 실천되지는 않았다. 아들러 심리학의 기본 원칙은 똑같이 유지되고 있는 반면, 새로운 기법과 적용법은 계속 등장했으며 21세기까지 계속 진화하고 있다.

"APA 심리치료 이론 시리즈"의 다른 책에서 알 수 있듯이, 아들러의 독창적인 생각은 대부분의 현대 상담 및 심리치료 이론의 기초가 된다. 내담자 중심 치료, 실존 치료, 인지 치료, 합리적 정서 행동 치료, 로고 치료, 전략적 치료, 구성주의 치료, 긍정심리학, 가족 치료를 포함하여 오늘날 대부분의 유명한 심리치료 이론은 아들러 아이디어에 뿌리를 두고 있다(Carlson et al., 2006; DeRobertis, 2011; Watts, 1998, 2000b, 2012; Watts & Critelli, 1997; Watts & LaGuardia, 2015; Watts & Phillips, 2004). 아들러 이론은 사회적 평등에 기초한 인간관계의 철학을 지지하고, 맥락적 요인의 영향을 강조한다. 또한 심리교육 모델로서, 아들러의 아이디어는 개인, 집단, 커플, 가족 상담뿐만 아니라 교실 및 지역사회 수준에서도 적용될 수 있다. 이처럼 아들러 이론은 여러 환경에 걸쳐 다양한 내담자의 더 커진 요구를 충족하기 위한 완전하고 효과적인 접근법으로서 독보적인 위치에 있다(Carlson & Englar-Carlson, 2012). 우리는 치료자들이 스스로에게 자신이 아들러주의자인가를 묻기보다, '어떻게' 자신이 진정한 아들러주의자인지를 물어야 한다고 믿는다.

이 책은 현대 아들러 심리치료에 대해 포괄적으로 검토하고 있다. 다음 장에서는 이론(3장)과 아들러 심리학의 치료 과정(4장)에 대해 더 잘 이해할 수 있는 기초를 제공하기 위해 아들러 접근법의 역사적 교리(tenet)를 설명하고 있다. 3장과 4장에서는 다양한 사례를 포함하여 과정과 실제를 강조하고 있다. 5장과 6장에서는 현재까지 연구를 통해 밝혀진 것들과 이 중요한 접근법의 미래 전망을 살펴본다. 마지막으로 간략한 요약, 부록, 주요 용어 정리, 후속 연구를 위한 제안이 제공된다.

| 제2장 |

역사

정상적인 사람들은 당신이 잘 알지 못하는 사람들일 뿐이다.

— 알프레트 아들러

　알프레트 아들러는 개인심리학의 창시자이자 의사, 교육자, 베스트
셀러 작가, 실천 철학자였다. 그는 의사로 훈련받았지만 심리학자,
교육자, 초기 페미니스트 옹호자, 능숙한 대중 연설가로 잘 알려졌다.
아들러 심리치료 접근법의 근간에는 개인의 자유, 사회적 책임, 아
동・여성・노동자의 권리에 대한 신념이 있었다. 아들러는 살아 있는
동안 가장 잘 알려지고 유명한 심리학자 중 한 명이었다. 그는 지그
문트 프로이트보다 훨씬 더 인기가 있었지만, 시간이 지나면서 프로
이트의 명성이 아들러를 훨씬 능가했다. 예를 들어, 아들러의 첫 대중
심리학 저서인 『인간 본성의 이해(Understanding Human Nature)』는 발간
후 6개월 동안 100,000부 이상 판매되는 큰 성공을 거두었다. 이는
당시 프로이트의 베스트셀러인 『꿈의 해석(Interpretation of Dreams)』

이 10년 동안 약 17,000부가 팔린 것과는 대조적이다. 오늘날 프로이트는 현대 심리치료의 창시자로 여겨진다(Engel, 2008). 하지만 아들러의 이론과 실제가 현대 심리치료와 상담에 미친 막대한 영향력에 대한 인식과 이해가 점점 더 커지고 있다.

열등감 콤플렉스, 힘 과시, 보상, 힘 갈등, 통제, 생애 과제, 생활양식, 목표 지향적 행동, 사회적 관심과 같은 아들러의 심리학적 및 발달적 개념은 모두 일반적인 어휘로 자리 잡았다. 전문적으로, 인간 성격에 대한 아들러의 이론과 통찰은 인간 중심 치료, 실존 치료, 인지 치료, 합리적 정서 행동 치료, 해결 중심 치료, 전략 치료, 구성주의 치료, 다문화 치료, 가족 치료, 심지어 긍정심리학까지 오늘날 가장 대표적인 심리치료 이론의 기초가 된다. 거의 모든 심리치료 학파는 그 뿌리를 어느 정도 아들러의 원래 사상에서 찾을 수 있다. 여러 측면에서 아들러는 현대 심리치료의 할아버지로 간주될 수 있다. 많은 다른 이론과 마찬가지로, 접근법을 이해하는 가장 좋은 방법은 이론 창시자의 삶에 비추어 이론이 어떻게 발전했는지를 살펴보는 것이다.

알프레트 아들러의 삶

육남매 중 둘째인 알프레트 아들러는 1870년 2월 7일 오스트리아 비엔나 근처에서 태어났다. 부모님은 유대인이고, 아버지는 옥수수 상인이었다. 건강하지 못한 아이였던 아들러는 호흡기 질환, 비타민 결핍, 구루병 등의 질병에 시달렸으며, 4세 때는 폐렴으로 거의 죽을

뻔했다. 이뿐만 아니라 비엔나 거리에서 마차에 치이는 사고를 두 번이나 겪었다. 학업에서도 아들러는 어려움을 겪어 같은 학년을 반복해야 했으며, 공교육을 중단하고 양복 재단사의 견습생으로 일할 것을 권유받았다. 무력감과 신체적 허약함을 겪었던 초기 경험으로 인해 아들러가 인간의 열등감과 우월감을 생각하게 되었다는 것은 분명하다.

이러한 많은 어려움에도 불구하고 알프레트 아들러는 친구가 많은 행복한 아이였다(Bottome, 1939). 집 옆에는 넓은 들판이 있었고, 아들러는 다른 아이들과 어울리며 많은 시간을 보냈다. 그는 인기가 많았고, 매력적인 성격이었으며, 다른 아이들과 잘 어울렸다. 이것은 평생에 걸쳐 지속된 패턴이었다. 그는 친구와 추종자가 많았고, 항상 그들과 산책하거나 비엔나 카페에서 만나서 토론하는 시간을 마련했다.

아들러는 어렸을 때 대체로 낙담하는 경험을 했다(Hoffman, 1994). 하지만 이러한 경험은 그가 의대에 입학하여 궁극적으로 의사가 될 수 있을 만큼 열심히 공부함으로써 자신의 초기 건강과 학업 문제를 어떻게 보상했는지 설명하는 데 도움이 되었다. 이러한 힘들었던 초기 경험은 아버지의 격려로 아들러가 고통과 질병에 맞서 싸우기 위해 의학 공부를 하도록 하는 촉매제 역할을 했다. 그는 의대에서 안과를 전공한 후 신경학을 공부했다. 신경학을 공부하기 전에 지각과 세상을 보는 방식에 관심을 가졌다는 것은 놀랄 만한 일이 아니다. 그는 가난한 사람을 위한 무료 진료소인 **폴리클리닉**(Poliklinik)에서 무보수로 일하면서 일찍이 의료 경험을 쌓았다. 또한 그는 군 복무를 위해 두 차례 징집되기도 했다.

아들러의 맥락적·인간적 초점

아들러의 삶은 당시 유럽의 사회정치적 현실 내에서 이해되어야
한다. 그는 학식과 명성이 있었지만, 헝가리 혈통의 유대인이라는 이
유로 차별받았을 뿐만 아니라, 개인적이고 직업적인 어려움을 많이
겪었다. 아들러는 유럽에서 제1차 세계대전과 제2차 세계대전을 일
으키게 한 정치적·사회적 이데올로기의 경쟁적인 논쟁, 민족적·문
화적 갈등, 오랜 역사적 라이벌 관계 내에서의 경쟁을 겪던 시기에
살았다. 18세기 말 유럽에서 지배적인 정치적 이데올로기는 민족주
의였으며, 그 운동에서 유대인 혈통이 설 자리는 없었다. 그는 독실
한 유대인은 아니었지만(후에 실제로 기독교로 개종함), 아들러는 반유
대주의와 사회에서의 소외를 겪었다. 이러한 대우는 의심할 여지없이
삶을 살아가는 문화적 맥락에서 개인을 이해할 필요가 있다는 신념을
일깨웠다. 그는 자신의 살아온 경험을 토대로, 소속감과 협력의 개념
에 대한 자신의 신념과 더 일치하는 정치적 이데올로기를 찾기 시작
했다. 의대생 시절 철학과 정치에 관심이 있었고, 카를 마르크스(Karl
Marx)의 사회주의에 이끌렸다. 초기에 아들러는 자신을 사회주의자로
선언했지만, 말년에는 실존주의와 형이상학으로 방향을 바꾸었다
(King & Shelley, 2008).

알프레트 아들러는 환자의 복지와 치료에 관심을 기울였다. 그는
자신이 치료했던 많은 환자를 살리거나 돕지 못해서 괴로워했다. 또
한 그는 효과적인 진단을 내리고 질병을 분류하는 데 관심을 더 기울
이고 환자의 생명을 구하는 데 관심을 덜 기울이는 연구 중심의 의료

계에 실망했다. 그는 의사-환자 관계에 관심이 있었고, 이것이 치료 과정에서 중요한 부분이라고 믿었다. 오늘날 치료 동맹에 대한 관심이 높아지고, 내담자와 환자에게 마음을 다하고 함께 있어 주는 것에 대한 중요성이 부각되면서 이런 현상이 다시 나타나고 있다(Bottome, 1939; Hoffman, 1994).

사회주의자로서 아들러는 경제에는 관심이 적었고, 사람들이 사회에 적응하는 방식과, 사회가 개인에게 미치는 영향에 대해 더 흥미가 있었다. 공동체 심리학(community psychology)의 선구자로서, 가난한 노동자를 위한 안전한 작업 환경을 옹호하는 노동 운동에 적극적으로 참여했다. 아들러의 첫 번째 저서인 『재단 산업 분야 건강서(Health Book for the Tailoring Trade)』에서 양복 재단사와 그 가족의 노동 및 생활환경을 비판했다. 또한 아들러는 주택을 개수하고 주중 노동 시간을 제한할 것을 제안했다.

단순한 이론 그 이상으로, 아들러의 관찰은 자신의 임상 경험에서 비롯되었다. 그는 신경 질환을 전문으로 하는 첫 번째 진료소를 열었다. 그의 환자는 대부분 노동자 계층이었다. 이것은 대학 상담 센터나 부유 특권층을 대상으로 한 클리닉에서 개발된 많은 다른 현대적 심리치료 접근법과 다르다(Engel, 2008). 흥미롭게도, 아들러의 환자 중 상당수는 서커스 공연자였으며, 이들은 기관 열등감 이론에 자극을 준 것으로 보인다(Adler, 1917). 이 이론에 따르면 특정 결함을 가지고 태어난 사람들은 열등감을 발달시키고, 자신의 실제 또는 인식된 약점을 보상하기 위해 노력한다. 예를 들어, 청각 장애가 있는 사람도 음악가가 될 수 있고, 시력이 약한 사람도 사진작가가 될 수 있다.

이 당시 아들러는 의사가 환자의 신체적 상태를 치료하기 위해서 환자의 심리적 · 사회적 상태에 대해 알 필요가 있다는 신념에 따라 정신의학에 관심을 가졌다.

아들러는 1897년 라이사 티모페이브나 엡스타인(Raissa Timofeivna Epstein)과 결혼했고, 그녀는 분명히 그의 삶에 중대한 영향을 주었다 (Balla, 2003; Santiago-Valles, 2009). 호프만(Hoffman, 1994)은 라이사가 사회주의자이자 초기 페미니스트로서 강인한 사상가였으며, 결혼 기간 내내 정치적 활동을 지속했다고 말했다. 그녀의 친구였던 리온 (Leon)과 나탈리아 트로츠키(Natalia Trotsky)는 가족처럼 가까운 친구가 되었다. 라이사, 그녀의 친구들, 비엔나의 사회주의 지식인들은 아들러의 남은 생애 동안 그의 아이디어에 상당한 영향을 미쳤다.

그러나 사실 아들러는 사회주의자라기보다 인본주의자에 가깝다. 아들러는 평등한 공동체에서 형성될 수 있는 가족 및 사회적 관계에 초점을 두었다. 그는 가난한 사람들의 생활 조건을 개선하기 위한 사회주의적 사상을 지지하는 한편, 자기 삶을 변화시키는 개인 내 잠재력도 믿었다. 그는 혁명보다는 교육과 기술 훈련이 사람들로 하여금 문제를 해결하고 더욱 만족스러운 방식으로 삶을 살아가게 할 거라고 믿었다. 그는 평범한 사람에 대해 열정적인 관심을 가졌고, 모든 형태의 편견에 대해 반대했다(Carlson, Watts, & Maniacci, 2006). 또한 아들러는 여성 인권과 부모 교육에 대한 대중 운동의 열렬한 지지자였으며, 사회적 소속감과 지역사회 기반 예방을 강력하게 주장했다 (King & Shelley, 2008).

아들러와 프로이트

　1902년 아들러와 프로이트의 만남, 정신분석학회(Psychoanalytic Society)에서 보냈던 시간, 그리고 1911년 적대적인 결별에 대한 많은 이야기가 있다(Handlbauer, 1998). 1900년에 아들러는 프로이트의 『꿈의 해석』에 대한 강력한 변론을 썼고, 후에 프로이트는 아들러를 수요일 밤 정신분석 모임의 다섯 번째 회원으로 초대했다(Mosak & Maniacci, 1999). 이 당시 아들러는 자신의 입지를 이미 구축한 상태였기 때문에, 자신을 프로이트의 제자가 아닌 동료라고 생각했다.

　아들러와 프로이트의 관계는 결별하기 전까지 10년 동안 지속되었다. 두 사람은 심리치료에 대한 개발 및 접근법에 대한 극명한 차이로 헤어졌다. 프로이트는 주로 개인의 행동에 영향을 미치는 생물학적 요인과 심리성적 발달에 관심을 두었던 반면, 아들러는 전체적인(holistic) 관점을 취했다. 프로이트는 결정론적 사고방식을 취했지만, 아들러는 사람을 창조적인 능력으로 자신의 선택에 책임지는, 즉 본질적으로 목표 지향적인 존재로 보았다. 이 당시 아들러는 기관 열등감, 남성성 추구, 성의 사회화, 공격성에 대한 자신의 이론을 발달시키기 시작했다. 생물학적 욕구를 강조한 프로이트와 달리, 아들러는 사회적 · 가족적 · 문화적 힘을 더 강조했다. 또한 그는 무의식적인 유아기 성(sexuality)을 덜 강조했고, 성적 욕구보다는 사회적 욕구를 더 중요하게 여겼다(Carlson, 2015a).

　개인적으로 친근하고 실용적인 아들러는 냉담하고 학구적인 프로이트와 달랐다. 아들러는 당시 더 큰 사회적이고 정치적인 문제와 자신의 연구를 분리하지 않았다. 프로이트와 달리 아들러의 내담자는 대부분 가난한 노동 계층 출신이었고, 그들은 재정적인 문제로 장기간 분석을 감당할 수 없었으므로, 차선적 접근 방식으로 '자아(ego)' 강화만을 우선시할 수밖에 없었다(King & Shelley, 2008). 아들러는 일반 서민층의 한 사람이었으며 엘리트 지식층이 아니었다. 아들러는 일반적이고 실용적인 주제를 추출하여 대중을 위해 복잡하지 않은 용어와 쉬운 언어로 글을 쓸 수 있는 복합적인 사상가였다(1994년에 발행된 Hoffman의 저서에서 Kurt Adler의 서문 중). 그의 목적은 심리학에서 얻은 통찰력 있는 아이디어로 다른 사람에게 힘을 북돋아 주는 것이었다(King & Shelley, 2008). 아마도 두 사람의 주된 차이점은 아들러는 우리는 이웃을 사랑해야만 한다고 믿는 반면, 프로이트는 "왜 이웃을 사랑하고 싶은가?"라고 묻는 것이었다(Orgler, 1939/1963, p. 8). 또한 프로이트는 무엇이 개인에게 최선인가에 더 관심이 있었던 반면, 아들러는 무엇이 다른 사람과 인류에게 최선인가에 관심을 두었다.

아들러가 정신분석학회 회장을 맡고 있던 1911년, 이러한 차이가 극대화되었고 아들러와 프로이트는 헤어졌다. 화해를 시도했지만 실패했다. 이후 아들러는 정신분석학회 회원의 1/3과 함께 개인심리학회(The Society for Individual Psychology)를 결성했다. 이것은 심리치료의 역사에서 중요한 순간이었다. 왜냐하면 생물학적 요인의 영향을 인정하면서도 오늘날 상담 접근법에서 널리 사용되는 성격에 대한 사회적·문화적 영향을 강조하는 대안적 학파가 설립되었기 때문이다. 게다가 아들러 자신이 '일반' 사람들과 함께 작업했던 경험으로 인해 그의 모델은 윤리적이고 실용적인 해결책을 강조했다(Bankart, 1997).

흥미롭게도 평등과 인류애에 대한 아들러의 100년 전 아이디어는 인종, 성, 민족, 사회 계층, 성적 지향성과 관련한 미국심리학회(APA) 및 미국상담학회(ACA)의 현재 윤리 규정에 부합한다(Carlson et al., 2006).

아들러 접근법의 확립

아들러는 제1차 세계대전 때 의사로 복무했고, 그 후 오스트리아에 자원봉사 심리학자로 구성된 아동 상담 클리닉 30곳을 개설했다. 그는 이러한 지역사회 기반 클리닉 무대에서 청중을 앞에 두고 가족 상담을 직접 시연했다. 아들러는 호소 문제가 보편적이라고 믿었다. 즉, 독재적인 삶에서 민주적인 삶으로 바뀌는 사회적 변화로 인해 많은 가족이 공통된 문제를 가지고 있다는 의미이다. 따라서 그는 한 가족의 문제를 무대에 올려 **관객 치료**(spectator therapy)의 형태로 전체 관객에게 각자의 가족 문제에 접근하고 해결하는 방법을 가르칠 수 있었다. 또한 그는 학교 개혁, 자녀 양육 실제, 공공 가족 교육에도 적극적으로 참여했다.

아들러는 나치 지배가 시작되기 직전에 고국을 탈출하여 1935년 미국으로 이민을 떠났다. 이민 가기 여러 해 전부터 아들러와 그의 아이디어는 미국의 대중 및 전문가 집단에 잘 알려졌다. 이 당시 아들러는 세계적인 최고의 강사이자 작가였는데, 특히 미국에서 그러했다. 쉽고 실용적이며 평이한 형식으로 글을 쓴 아들러는 사람들에게 부정적인 행동이 어떻게 삶을 제한하는지 깨닫도록 교육했고, 삶의 질을 바꾸고 향상시키는 방법을 제시했다. 아들러는 사람들에게 평등한 삶을 사는 방법에 대한 훈련이 필요하다고 믿었다. 그는 훈련이 단지 치료를 통해서만이 아니라 글과 말을 통해 이루어질 수 있다고 믿었다. 또한 그는 강의 중에 수천 명의 청중을 대상으로 양육 기술을 직접 시연하기도 했다.

1920년에서부터 1930년대까지 미국의 신문은 아들러의 메시지를 강조했다. 자녀를 응석받이로 만들지 않는 것과 자녀가 스스로 할 수 있는 일을 부모가 대신하지 않도록 하는 것의 중요성에 대한 아들러의 언급이 신문 기사에서 자주 인용되었다. 그는 여성과 남성이 평등함을 주장했고, 사람은 해를 입히거나 처벌하겠다는 위협보다는 격려를 통해 동기부여가 더 잘된다고 주장했다. 그의 이러한 조언과 제안은 풍요를 기근으로 바꾸어 버린 두 번의 세계대전과 최근의 경제적 격변 사이에서 고통받고 있던 미국에서 열광적인 호응을 얻었다. 아들러는 사람들이 행복하고 개인적으로 만족하는 삶을 살도록 돕는 등불의 역할을 하는 것 같았다.

독재에서 민주적인 삶으로의 사회 운동이 일어나고 있었고, 아들러는 아내와 친구들의 혁명적인 아이디어뿐만 아니라 자신의 자유주의적 견해의 선두에 서게 되었다. 그는 사람들이 위계적인 체제에서 성장했기 때문에 평등하게 사는 법을 배우기 위한 기술이 필요하다는 것을 깨달았다. 많은 사람이 민주주의의 개념과 이상을 믿었지만, 그들은 민주적이거나 평등한 방식으로 서로를 대하는 방법을 알지 못했다. 민족, 인종, 종교에 따른 사람들의 차이는 말할 것도 없고, 남성은 여성을, 어른은 아이를, 상사는 직원을, 부자는 가난한 사람을 하대했다. 변화를 만들기 위해서 아들러는 부모와 교사가 자녀를 효과적으로 교육하도록 돕는 데 집중했다. 그는 이러한 기본적인 관계를 바꾸면 궁극적으로 사회 전체를 바꿀 수 있다고 믿었다.

아들러는 임상 및 강의 활동의 거점으로 뉴욕을 선택했다. 말년에는 자신의 이론을 보급하는 데 시간을 보냈으며, 그의 작업을 수행할 사람들을 찾아 나섰다(Ansbacher & Ansbacher, 1956; Dreikurs, 1967). 아들러와 라이사에게는 네 자녀가 있었다. 아들인 커트(Kurt)와 딸 알렉산드라(Alexandra)는 아버지를 따라 정신의학/심리치료를 시작했고, 수년 동안 뉴욕시에서 진료했다. 중간 아이인 코넬리아(Cornelia)는 예술가였다. 큰딸 발렌타인(Valentine)은 라이사처럼 정치적으로, 사회적으로 활발하게 활동했다. 그녀와 그녀의 남편은 아들러가 사망하기 직전에 러시아 강제 수용소에서 사망한 것으로 알려졌다. 많은 사람이 그가 딸의 죽음 소식을 들었을 때 마음이 찢어졌을 것이라고 추측했다(Hoffman, 1994). 얼마 지나지 않아 알프레트 아들러는 1937년 순회 강연 중 스코틀랜드 애버딘의 거리를 걷다가 심장마비로 사망했다.

사망 당시 아들러는 서구 세계에서 매우 유명한 인물이었다. 유일한 손주이자 커트의 딸인 마고 아들러(Margot Adler)는 2014년 이른 나이에 사망할 때까지 저명한 사회운동가이자 내셔널 퍼블릭 라디오(National Public Radio)의 기자로 일했다.

아들러의 유산과 개인심리학의 발전

아들러의 초기 저서는 제1차 세계대전까지 주로 비정상적인 인간 행동에 초점을 두었고, 정신분석적인 어조를 띠고 있었다. 그러나 제1차 세계대전 이후, 아들러는 정상적인 인간 행동에 좀 더 관심을 기울였고, 정신분석 이론보다는 더 총체적이고 현상학적이며 사회 지향적인 성숙 이론을 점차 발달시켰다(Slavik & Carlson, 2006). 현대 아들러 심리학 및 심리치료는 주로 아들러의 후반기 개념과 현대적인 실제 방식에 부합하도록 지속적으로 발전시킨 후기 아들러 학파[예: 루돌프 드라이커스(Rudolf Dreikurs), 하인츠 안스바허와 로웨나 안스바허(Heinz and Rowena Ansbacher), 돈 딩크마이어(Don Dinkmeyer), 해럴드 모삭(Harold Mosak), 밈 퓨(Mim Pew), 버나드 슐만(Bernard Shulman), 밥 파워스(Bob Powers), 제인 그리피스(Jane Griffith), 에드나 내시(Edna Nash), 만포드 손스테가르드(Manford Sonstegard), 존 칼슨(Jon Carlson), 주디 서더랜드(Judy Sutherland), 줄리아 양(Julia Yang), 렌 스페리(Len Sperry), 제임스 비터(James Bitter), 베티 루 베트너(Betty Lou Bettner), 마이클 마니아치(Michael Maniacci), 에바 퍼거슨 드라이커스(Eva Ferguson Dreikurs), 리 존슨-미갈스키(Leigh Johnson-Migalski), 테리 코트만(Terry Kottman), 로이 컨(Roy Kern), 수전 벨랑지(Susan Belangee), 리처드 와츠(Richard Watts), 마리온 발라(Marion Balla), 메리 프랜시스 슈나이더(Mary Francis Schneider)]에 기반을 둔다.

아들러는 시대를 앞섰을 뿐만 아니라 그가 살았던 역사적 시대의 제약도 받았다. 코틀러(Kottler, 2002)는 아들러의 중요한 공헌 중 많은

부분이 다른 많은 이론의 기초를 형성했기 때문에 현재의 상담 실제
에서 다소 당연해 보일 수 있다고 지적했다. 프로차스카와 노크로스
(Prochaska & Norcross, 2010)는 "아들러의 많은 아이디어는 조용히 현
대 심리학적 사고에 스며들어 있어 종종 눈에 띄지 않는 경우가 많으
며, 알프레트 아들러보다 감사의 표시 없이 모든 방면에서 그렇게 많
이 차용된 작가를 찾기란 쉽지 않을 것이다."(p. 91)라고 말했다. 심리
치료자로서, 아들러는 감정에 대한 사고 과정의 중요성, 초기 가족 경
험과 출생 순위가 현재의 행동에 미치는 영향, 구체적인 행동 계획
수립의 가치, 평등하고 협력적인 상담 관계 수립(내담자와 상담자 서로
대면하는 것 포함), 성격 발달에 영향을 미치는 생활양식 및 사회적 행
동에 대한 사정, 기술 훈련의 중요성, 교육적 치료 모델을 처음으로
소개했다. 앞서 언급했듯이, 아들러는 그 시대의 사회적 권리 및 사
회적 정의 운동에도 상당히 관여했으며, 학교 혁신과 성교육을 옹호
하고, 여성의 평등권에 목소리를 높이는 리더였다. 아들러는 겸손하
고 겸허한 사람이 되길 원했는데, 그의 성격에서 오만함을 없애기 위
한 노력에 대해 기록했다(Adler, 1929). 그는 사람들이 자신의 이름을
기억하는 것보다 자신의 이론이 살아남기를 바랐다(Mosak, 2005).

　루돌프 드라이커스(Rudolf Dreikurs)는 주로 전통적인 정신분석적
사고에 익숙했던 신흥 심리학 전문가들에게 아들러의 아이디어를 소
개하기 위해 시카고에 최초의 아들러 연구소를 설립했다. 아들러 자
녀인 커트와 알렉산드라는 뉴욕시에 유사한 기관을 세웠다. 이러한
교육기관은 프로이트 사상이 지배적이어서 어려움을 겪었던 시기에
아들러 심리학의 성장을 이끌었다. 아들러는 종종 프로이트의 원래

가르침에 대한 반역자로 낙인찍혔기 때문에 특히 어려움이 있었다. 아들러는 실제로 프로이트 이론에 정면으로 반박했지만, 프로이트가 초기 아동기 경험의 역할을 중요시하고, 꿈의 의미에 주목하고, 증상이 어떤 유용한 목적으로 사용된다고 제안한 공로를 일관되게 인정했다(Mosak & Maniacci, 1999). 드라이커스는 아동 지도 센터에 대한 아들러의 비전을 공유했고, 자녀 양육서인 『민주적인 부모가 된다는 것(Children: The Challenge)』(Dreikurs & Soltz, 1964)과 『눈물 없는 훈육(Discipline Without Tears)』(Dreikurs & Cassell, 1972)으로 상당한 영향을 미쳤다. 또한 드라이커스는 교육 시스템에서 아들러의 원리를 대중화하는 데 중요한 역할을 했으며, 『교실 심리학(Psychology in the Classroom)』(Dreikurs, 1958)과 『아동은 격려를 통해 배운다(Encouraging Children to Learn)』(Dinkmeyer & Dreikurs, 1963)를 저술했다. 이러한 아들러 원리에는 격려, 개인의 책임, 민주적 규칙, 사회적 인식, 처벌보다는 자연적 결과와 논리적 결과 사용하기가 포함된다(Pryor & Tollerud, 1999). 이러한 아이디어는 증거 기반 프로그램인 적극적 부모 역할(Active Parenting), 체계적 부모 교육 훈련(Systematic Training for Effective Parenting: STEP)과 같이 인기 많은 부모 교육 교육과정의 기초가 되면서 부모 교육에 대한 더 강력한 발판이 되었다(Lindquist & Watkins, 2014).

아들러 접근법의 발전

1972년 드라이커스가 사망했을 때, 아들러 운동에는 대중과 학계 모두에서 이론을 계속 발전시킬 카리스마 있는 대표자가 없었다. 돈 딩크마이어, 해럴드 모삭, 버나드 슐만, 로버트 파워스(Robert Powers) 와 같은 유능하고 현대적인 아들러 학자가 많았지만, 알프레트 아들 러와 루돌프 드라이커스와 같이 아들러 학파를 통합할 수 있는 사람 은 없었다. 이때는 아들러 학파가 방향을 정하기 위해 아들러와 드라 이커스의 기존 용어와 이론을 고수하는 것과, 현대적인 상담 실제 및 정신 건강 추세에 따라 접근법을 계속 조정하고 발전시킴으로써 버릴 것을 선택하는 것 사이에서 혼란스러웠던 시기였다.

여러 면에서, 아들러 사상의 현대적 적용 가능성에 대해 의문 많은 아들러 학자들이 자신이 되고 싶은 사람이 누구인지 파악하기 위해 지난 30년 동안의 과정에서 직면했던 분투를 반영하는 것이기도 하 다. 아들러 상담자들 사이에서는 여전히 아들러 심리치료가 현재의 문제를 해결하기 위해 현대적으로 변화해서 적용해야 하는지 아니면 창시자의 전통적인 지침을 따라야 하는지에 대한 질문이 남아 있다. 이러한 고민은 아들러 학파가 '아들러를 넘어서는' 전략과 아이디어를 개발해야 한다는 요구로 드러났다(Carlson, 1989). 칼슨(Carlson, 1989) 은 다음과 같이 기록했다.

> 아들러/드라이커스의 독창적인 아이디어는 인류에게 상당히. 밝은 전망을 주지만, 단지 시작에 불과하고, 최종적이고 제한적인 원리는 아니다. 그것은 마치 아들러가 살았던 1920년대 세상에 사는 것과 같다. 1920년대에는 존재하지 않았던 오늘날의 어려운 문제에 적용 하기 위해서는 아들러 심리학의 아이디어를 수정하는 것이 중요하다 (p. 411).

10년 후, 칼슨(Carlson, 2000)은 아들러 상담자들에게 현대 심리치료 분야에서 어떤 사람이 되고 싶은지, 즉 "시대를 앞서간 사람 또는 시대에 뒤떨어진 사람? 주역 또는 조역?"이 되고 싶은지 질문했다(p. 3). 이러한 도전적인 질문은 여러 면에서 성격과 변화에 대한 하나의 이론에 대한 충성에서 벗어나 통합적인 이론 모델을 쉽게 채택해 온 현대 심리치료와 상담의 맥락에서 주어졌다. 오늘날 아들러 상담자를 위한 해결책은 아들러의 독창적인 아이디어에 대한 지혜와 비전을 인식하는 동시에 현대적인 상담 실제와 사회적 문제에 맞게 계속 아들러 이론을 적용하고 발전시키는 것이다.

최근 몇 년 동안 대부분의 아들러 상담자는 현대 심리치료 분야에서 지속적으로 존재감을 드러내고 있는 것으로 보인다. 아들러의 개인심리학 이론은 많은 저자가 원래 이론을 다양한 다른 응용 프로그램과 환경에 맞게 적용하면서 큰 인기를 얻고 있으며, 이 과정에서 원래의 아이디어는 새롭게 포장된 형태로 다시 등장하고 있다(Carlson & Slavik, 1997; Carlson et al., 2006, Dinkmeyer & Sperry, 2000, Mosak & Maniacci, 1998, 1999, Sonstegard, Bitter, & Pelonis, 2004, Sperry & Carlson, 2013, Sperry, Carlson, Sauerheber, & Sperry, 2015, Stein, 2013, Watts, 2003, Watts & Carlson, 1999; Yang & Milliren, 2009). 『개인심리학회지』에는 아들러의 아이디어가 수많은 환경에서 다양한 내담자와 문제를 치료하는 데 어떻게 사용될 수 있는지를 보여 주는 논문이 많이 있다. 게다가 저자들은 다양한 인종과 민족 집단(Carlson & Carlson, 2000; Chung & Bemak, 1998; Herring & Runion, 1994; Kawulich & Curlette, 1998; Moore & McDowell, 2014; Perkins-Dock, 2005; Reddy &

Hanna, 1995; Roberts, Harper, Caldwell, & Decora, 2003; Roberts, Harper, Tuttle Eagle Bull, & Heideman-Provost, 1998; Sapp, 2014), 영적이고 종교적인 배경(Baruth & Manning, 1987; Cheston, 2000; Ecrement & Zarski, 1987; Ellis, 2000; Johansen, 2005; Kanz, 2001; Mansager, 2000; Mansager et al., 2002; Noda, 2000; Sauerheber & Bitter, 2013; Watts, 2000a), 국제적으로(『개인심리학회지』의 68권, 특별 호 3~4호 참조), 소외된 다른 집단(Chandler, 1995; Hanna, 1998; Matteson, 1995; Shelley, 2009; Suprina, Brack, Chang, & Kim, 2010) 출신의 내담자를 지원하는 데 아들러 이론이 어떻게 이용될 수 있는지 연구했다. 아들러 학자들은 모든 치료 환경에서 가족, 부부, 아동 및 집단과 함께 작업하는 방법을 보여 주는 저작물을 출간했다. 관련 기법과 이론이 명확하게 설명되어 있다. 하지만 북서 워싱턴 알프레트 아들러 연구소(Alfred Adler Institute of Northwestern Washington)의 헨리 스타인(Henry Stein)과 같은 몇몇 전문가는 오늘날에도 여전히 '전통적인' 아들러 치료를 실행하고 있음을 명심해야 한다. 이러한 접근법은 정신분석과 유사한 장기간의 치료이며, 많은 유럽 국가에서 실행하는 아들러 심리치료의 형태이다.

아들러 학파가 현대적인 방식을 유지하는 방법 중 하나는 아들러의 원래 모델이 이론적으로 현대 심리치료의 요구 및 기대에 어떻게 부합하는지를 인식하는 것이다. 아들러 심리치료는 심리교육적 · 현재/미래 지향적 · 시간제한적(또는 단기적) 접근법이다(Carlson et al., 2006; Corey, 2016; Watts, 2000b). 분명히 아들러 심리치료는 심리치료의 현대의 통합적인 시대정신에 잘 맞는다. 딩크마이어와 스페리(Dinkmeyer & Sperry, 2000)가 말한 것처럼 "심리치료 시스템 간의 공통점과 수렴하는 주제를 강조하는 것에 관심이 증가하고 있으며"(p. 9), 이러한 심리치료의 통합은 많은 심리치료 이론가, 연구자 및 실무자 사이에서 널리 퍼진 관심사이다. 아들러 치료는 통합적이고 절충적이며, 인지적, 정신역동적, 체계적 관점을 명확하게 혼합하는 동시에 구성주의, 해결 중심 및 내러티브 치료와 같은 포스트모던 접근 방식과 상당한 공통점이 있다(Watts, 2000b; Watts & LaGuardia, 2015). 관계적이고 구성주의적인 심리학으로서 아들러 치료는 인간이 사회적 맥락과 그 안에서의 관계와 분리되어 이해될 수 없다고 단언한다. 아들러 치료는 인간의 기능에 있어서 집단주의적 측면과 개인주의적 측면을 모두 포괄하여 지지한다. 인류에 대한 아들러의 관점은 "관계에 뿌리를 둔 개인의 건강한 균형"이다(Jones & Butman, 1991, p. 237).

가장 중요한 점은 어떤 접근법이 현대 사회에 적절한 심리치료로 여겨지려면, 다문화 및 사회적 평등 문제를 성공적으로 다루어야 한다는 것이다(Comas-Díaz, 2014). 아들러가 여성의 사회적 평등을 위한 캠페인을 하고, 성차별 문제에 대한 이해에 공헌하며, 노동계급과 가난한 사람들의 권리를 대변하고, 소수 집단의 권리를 다루면서 독창적인 이론과 모델을 발전시켰다는 점은 중요한 의미가 있다. 그러한 맥락에서 아들러 치료의 많은 실무자는 다문화주의가 상담과 심리치료에서 지배적인 힘을 갖기 오래전부터 사회적 평등을 다루고 맥락적 틀 안에서 사람을 이해했다(Watts, 2000b). 아시니에가와 뉴론(Arciniega & Newlon, 1999)은 아들러 심리학의 특성과 가정(assumption)이 많은 소수 인종 및 민족 집단의 문화적 가치와 일치한다고 언급했고, 아들러 심리학의 치료적 과정이 문화적 다양성을 존중한다고 확신했다.

학생들이 사회적으로 초점을 맞추고 책임감 있는 실천가가 되도록 훈련하기 위한 지속적인 노력으로, 시카고 아들러 대학교(Adler University in Chicago)는 빈곤, 폭력 및 차별과 같은 더 큰 사회적 문제를 다루는 것의 중요성을 강조하기 위해 사회적 관심 또는 지역사회 참여라는 개념을 교육과정의 기반으로 도입했다. 아들러 대학교에 재학하는 모든 학생은 각 교육 기간 동안 200시간의 사회 정의 실습을 이수해야 한다. 아들러 치료는 생생하게 건재하며 현대의 국제 사회 문제를 해결할 준비가 된 것으로 보인다. 모삭(Mosak, 2005)이 말한 것처럼 "아들러 상담자는 아픈 개인이나 병든 사회를 치료하는 데 관심이 있는 것이 아니라, 개인을 재교육하고 사회를 재구성하는 데 관심이 있다."(p. 63).

다음 장에서는 아들러 학파가 현대적인 아들러 이론의 진화를 어떻게 다루었는지에 대해 논의한다.

| 제3장 |

이론

우리 자신에 대한 생각을 바꾸면 우리는 자신도 바꿀 수 있다.

— 알프레트 아들러

    이 장에서는 아들러 치료자가 인간의 성격을 이해하고 내담자의 문제를 개념화하는 방법에 대한 기초적인 개념을 강조한다. 이 이론적인 지침은 아들러 치료자에게 내담자와의 작업에서 가장 중요한 영역에 대한 체크리스트를 제공할 수 있다.

    알프레트 아들러는 성격 발달에 대해 사회적·문화적 맥락이 지닌 중요성을 강조했다. 그는 사람들이 자신과 세계에 대한 신념을 스스로 만들어 낸다고 믿었다. 어떤 신념은 정확하지만 어떤 신념은 부정확하거나 잘못될 수 있다. 아들러는 이러한 부정확하고 잘못된 신념이 초기 경험의 해석을 통해 생애 초기에 형성되고, 이러한 신념이 마치 사실인 것처럼 삶을 살아감으로써 지속된다고 믿었다. 잘못된 신념은 개인이 어린 시절 경험을 지각하는 방식에 따라 발달한다. 가족생활/가족 구도, 출생 순위, 사회경제적 지위, 정치적 분위기, 맥락

적인 힘 등이 모두 결론에 도달하는 데 영향을 미친다. 아들러 치료
자의 역할은 내담자가 자신의 잘못된 세계관을 인식하도록 돕고 더
건강한 세계관으로 교육하여, 그에 상응하는 감정과 행동의 변화를
이끄는 것이다.

아들러 심리치료의 목적

아들러 심리치료자의 주요 목표는 내담자의 사회적 관심과 공동체
감을 증진시키거나 육성하는 것이다. 밀리렌, 에반스와 뉴바우어
(Milliren, Evans, & Newbauer, 2007)는 아들러 치료의 목표를 "내담자가
자신의 고유한 생활양식을 이해하고 …… 용기와 사회적 관심을 가지
고 생애 과제를 수행하는 방식으로 행동하도록 돕는 것"이라고 했다
(p. 145). 아들러(Adler, 1927a)는 "도움이 되려면 개인의 삶에 대한 전
체적인 태도를 바꾸어야만 한다. 환자가 병적인 태도를 지속하는 한
증상을 없앨 수는 없다."(p. 6)고 덧붙였다.

다른 목표들은 다음과 같다.

- 내담자가 있는 그대로의 자신을 좋아하도록 돕고, 긍정적인 방식
  으로 평등과 소속감을 격려한다.
- 내담자가 생애 과제를 긍정적으로 해결하도록 돕는다.
- 내담자의 삶에서 중요한 사람들(즉, 배우자, 자녀, 형제자매, 부모,
  친구, 상사, 동료)을 포함한 다른 사람들과 긍정적이고 만족스러운

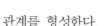

관계를 형성한다.

■ 만족스러운 직업을 갖고, 세계 공동체에 기여하는 일원이 된다.

■ 삶의 의미, 내가 여기 있는 이유, 어떻게 유산을 남길 수 있는지
와 같은 질문을 통해 영적인 차원을 이해한다.

■ 삶을 즐길 수 있으며, 행복하고 유머 감각이 있는 방식으로 삶을
바라본다.

■ 배우고 성장하기 위한 유지 관리 기술을 배운다.

■ 현 문제나 증상을 없앨 수 있도록 낙담과 열등감을 줄인다.

이러한 목표는 아들러 치료자가 내담자의 호소 문제에서 무엇이
중요한지를 파악할 수 있도록 지침을 제공한다. 내담자의 강점을 이
해하고 개입 영역을 결정하기 위해 이러한 각 영역에 대한 사정이 이
루어진다. 치료자는 내담자와 협력하여 가장 중요한 측면을 담은 치
료계획을 수립한다. 각 내담자가 고유하므로 아들러 치료자는 치료계
획이 내담자가 도움을 필요로 하는 문제와 도움을 원하는 정도를 모
두 반영해야 한다는 것을 알고 있다.

대부분의 아들러 치료자는 내담자를 낙담한 개인으로 보고, 내담
자의 강점을 강조하는 성장 모델을 사용하는 것을 선호한다. 치료의
초점은 치료보다는 건강, 안녕, 문제 예방에 있다. 아들러 심리학 자
체는 사람들을 유능하고 책임감 있는 창의적인 문제해결사로 보는 낙
관적 접근법을 취하며, 이러한 정신은 접근법 전체에 통합되어 있다.
따라서 내담자와 치료자의 관계는 동등하며, 치료 과정은 교육, 정보
제공, 격려에 중점을 둔다(Ansbacher & Ansbacher, 1956). 격려는 아들

러 치료자의 병기 중 가장 강력한 전술로 여겨진다. 게다가 드라이커스(Dreikurs, 1971)는 타인을 격려하는 능력을 다른 사람과 잘 지내는 데 있어 가장 중요한 특성으로 간주했다. 용기를 잃거나 낙담하면 잘못된 행동과 역기능적인 행동을 하게 된다. 따라서 치료자는 용기를 발달시키면서, 신념을 바꾸고, 자신감을 키우며, 자비를 실천하는 데 집중한다.

주요 개념

아들러 심리치료 접근법은 몇 가지 핵심 개념으로 구성된다. 이러한 각 개념은 아들러 학파가 내담자와 그들의 건강을 개념화하는 방법을 알려 준다.

전체론

어떤 사람들은 **개인심리학**이란 용어를 오해할 수 있다. 이는 사람의 개인적인 측면을 강조한다기보다 오히려 정반대를 의미했다. **개인적인**(individual)이란 용어는 실제로 **나눌 수 없는**(indivisible)이라는 의미이다. 아들러 이론은 한 사람과 그의 행동을 이해하려면, 그 사람이 생활하는 전체 영역을 고려해야 한다는 개념인 **전체론**(holism)을 제안했다. 즉, "한 사람의 모든 측면은 그 사람의 다른 모든 측면과 연결된다"(Milliren & Clemmer, 2006, p. 18). 따라서 아들러 심리학의

핵심 가정은 모든 사람은 고유하며, 각 부분의 합보다 더 크다는 것
이다. 아들러는 개인의 통합을 강조하고, 사람을 부분 또는 부분 기
능(예: 원초아, 자아, 초자아, 추동, 정서)의 집합이 아닌 한 개인으로 바
라보도록 장려하기 위해 **개인심리학**이란 용어를 사용했다. 이것은 환
원주의와 대조된다. 따라서 성격을 구성하는 모든 요소가 총체적으로
기능한다고 볼 수 있으며, 한 사람을 이해하기 위해서는 그 사람의
일부가 아닌 전체로 이해해야만 한다.

　양극단(예: 정신과 신체, 의식과 무의식, 인지와 정서, 접근과 회피)으로
바라보는 대신, 아들러 학파는 모든 구성 요소의 상호작용과 내담자
가 이를 사용하는 방법을 살펴본다. 양극단은 각 사람의 주관적 경험
으로만 중요하다(Mosak, 2005). 마음과 몸은 분리되어서는 이해할 수
없는 서로 연결된 상호적인 과정으로 본다. 예를 들면, 아들러 학파
는 각 내담자의 **신체기관 용어**(organ jargon)를 살펴볼 것이다. 신체기
관 용어는 증상이 주로 기질적이든 기능적이든 상관없이 신체적 증상
을 보이는 내담자를 이해하는 참조틀을 제공한다(Griffith, 2006). 이는
신체적 · 정서적 · 심리적 사이의 관련성을 의미한다. 아들러(Adler,
1956)는 "신체적 증상은 일반적으로 더 표현력이 풍부하고 말보다
더 명확하게 개인의 의견을 전달하는 언어를 사용한다. …… 정서와
신체적 표현은 마음이 어떻게 행동하고 반응하는지를 우리에게 알려
준다"(p. 223). 아들러 학파는 발진이 있는 사람을 '피부 아래(under
the skin)'*에 표현해야 할 무언가가 있다고 보았다. 이것은 신체적

---

* 역자 주: 'under the skin'은 중어적 표현으로 실제 '피부 아래'의 의미도 있지만, '정
　서적으로 크게 영향이 있는' 혹은 '지속적으로 성가신' 등의 의미도 있음.

문제 이상을 의미하므로, 치료자는 내담자의 관계 영역도 조사한다. 아들러 심리학의 가정은 사람이 행동, 생각, 감정, 신념, 태도, 특성 등에서 통합된 존재이며, 이 모든 것이 인생의 계획을 반영하는 독창성의 표현으로, 스스로 선택한 **생애 목표**에 도달하기 위한 삶의 계획을 전체적으로 반영하고 있다고 본다. 이러한 목표는 궁극적으로 타인에게도 유익하다고 여겨진다. 나아가, 각 사람은 체계적으로 서로 영향을 미치는 방식으로 상호작용하는 사회적 체계 및 대인관계에 연결되어 있다. 문화적 배경에 상관없이 각 개인은 일상생활에서 집단의 구성원으로 기능한다(Miranda, Frevert, & Kern, 1998).

이러한 것이 주는 임상적인 시사점은 아들러 치료자가 사정을 실시할 때 '전체적인 사람'을 바라본다는 것이다. 아들러 심리학 용어로 이것은 생물학적 · 심리적 · 사회적 요인을 고려한 전체론적 관점에서 내담자의 세계를 탐구하는 것을 의미한다. 드라이커스(Dreikurs, 1967)는 전체론을 각 사람이 속해 있는 사회적 맥락으로 설명했다. 그는 사회적 맥락을 보지 않고는 한 사람을 이해할 수 없다고 했다. 예를 들면, 아이를 이해하기 위해서는 가족을 살펴봐야 한다.

격려

격려(encouragement)는 인간 발달의 핵심 측면이며, 아들러 치료의 핵심 구성 요소 중 하나이다. 아들러 치료자는 내담자가 질병에 걸린 것이 아니라 낙담한(즉, 변화할 수 있는 능력에 대한 동기와 믿음이 부족한) 것으로 본다(Watts & Pietrzak, 2000). 결과적으로 치료자가 격려(낙담에 대한 해독제)하는 것은 치료적 변화 과정에서 매우 중요하다(Main & Boughner, 2011; Watts & Pietrzak, 2000).

격려는 삶의 어려움에 맞서기 위해 용기를 키우는 과정을 말한다. 사람들은 격려받거나 낙담할 수 있다(Ansbacher & Ansbacher, 1956; Dreikurs, 1967; Wong, 2015). 사람들은 격려를 받으면 성장하기 위한 위험을 감수하게 되고, 이는 사람들이 공동체에 더 많이 참여하는 데 도움이 될 것이다(Main & Boughner, 2011). 격려받은 사람들은 세상을 적대적인 곳으로 인식하지 않는다. 그들은 **자기 개념**(self-concept; 즉, '나는 누구인가'에 대한 모든 신념의 총합)과 **자기 이상**(self-ideal; 즉, 세상과 사람들이 어떻게 살아가야 하는지에 대한 이상)에 위협되지 않기 때문에 기꺼이 잘못할 위험을 감수한다(Carlson, Watts, & Maniacci, 2006). 낙담한 사람은 위험을 무릅쓰지 않고 경직된 자기 신념을 가지며, 성장 기회를 찾지 않을 것이다. 아들러와 드라이커스에게 정신병리는 세상에 소속되지 않은 느낌인 **낙담**(discouragement)을 유용하거나 건설적인 방식으로 나타낸다. 낙담은 혼란스러운 생각이나 불리한 삶의 환경 및 조건과 같은 여러 곳에서 일어날 수 있다(Ferguson, 2001). 일차적 관심사는 개인이 상황을 보는 방식(즉, 생각 또는 인지)이다. 아들러 치료자는 실제 생활환경이 무엇인지보다 생활환경이 개인에게 의미하는 바에 더 관심이 있다. 예를 들면, 한 내담자가 자신의 어린 시절에 관해 이야기할 때, 자신이 가난하게 자랐고 숱한 밤을 굶주린 채 잠자리에 들었다고 밝혔다. 치료자는 그녀에게 가난하게 자라는 것이 어땠는지 물었고, 내담자는 "우리 가족은 사랑이 넘쳤고, 삶이 힘들어도 뭔가 할 수 있다는 긍정적인 태도를 갖는 것을 배웠어요."

라고 대답했다. 보다 객관적인 것에 관심을 두는 심리학은 한 사람의 삶에서 실제로 일어난 일에 더 관심이 있는 반면, 아들러 심리학은 그것이 그 사람에게 무엇을 의미하는지도 알고 싶어 한다. 이러한 예에서 내담자는 용기를 가지고 자신의 삶을 살고 있으며, 어린 시절 어려운 환경에서도 살아남은 강인한 힘을 볼 수 있다.

격려가 아들러 이론의 근간이지만, 격려는 사람마다 그 의미가 다르게 받아들여진다. 웡(Wong, 2015)은 다음과 같은 정의로 격려 개념을 명확하게 하려 했다. 격려는 "어려운 상황에 대처하거나 잠재력을 실현하는 맥락에서 한 사람에게 용기, 인내, 확신, 영감, 희망을 심어 주기 위해 언어 또는 기타 상징적 표현을 통한 긍정의 표현"(p. 182)이다. 그는 계속해서 격려 사용의 긍정적 영향과 연구 효과성을 문서화했다.

격려는 아들러 학파가 사람들의 관심사와 삶의 어려움을 이해하는 방식에 영향을 미친다. 드라이커스(Dreikurs, 1967)는 호소 문제가 낙담에 기반을 두고 있어서, "격려와 자신에 대한 믿음의 회복 없이 (내담자는) 더 잘 수행하거나 기능할 가능성을 발견할 수 없다."(p. 62)라고 했다. 따라서 가족 구성원, 부모, 동료, 사회로부터의 낙담은 열등감을 유발하여 자존감과 자기 가치를 낮추어 삶의 문제를 일으킬 수 있다. 아들러 치료자는 내담자에게 과거는 바꿀 수 없지만, 과거에 대한 태도는 바꿀 수 있다고 가르친다. 많은 내담자에게 이것은 해방감을 주는 깨달음이 될 수 있다. 왜냐하면 과거와 그 안에서의 자신의 위치를 좀 더 자기 충족적인 방식으로 재구성하거나 재각색할 수 있기 때문이다.

격려는 적극적인 치료 자세이자 변화를 일으키기 위한 기법으로 사용된다. 내담자의 개선에 대한 치료자의 높은 기대는 내담자의 임상적으로 유의한 변화와 정적 상관이 있다(Connor & Callahan, 2015). 아들러는 치료자가 행동을 통해 격려해야 한다는 점, 즉 "행동 없는 희망은 계획이 아니며, 내담자가 접근할 수 있는 것도 아니다."라고 분명히 말했다(Main & Boughner, 2011, p. 269). 따라서 치료자의 임무는 내담자가 공동체에 참여하고, 다른 사람들에게 봉사하기 위한 행동을 취할 수 있도록 내담자에게 '용기'를 불러일으키는 것이다. 이는 최근 긍정심리학 운동에서 '발견'되고, 협력 및 구성주의 치료법이 지지하는 입장과 유사하다(Watts, 2012). 아들러는 "치료의 모든 단계에서 우리는 격려의 길에서 벗어나서는 안 된다."라고 말했다(Ansbacher & Ansbacher, 1956, p. 342). 낙담의 반대인 격려는 또 다른 용기와 희망을 준다. 용기는 내담자가 자신의 강점을 인식하는 동시에 소외감과 외로움을 덜 느낄 때 발생한다. 이는 아들러 치료자가 내담자를 바라보는 근본적이고 긍정적인 방식이다. 그들은 내담자의 강점과 자산으로 시작한 후 내담자의 책임(liabilities)과 도전 과제까지 한 사람 전체를 바라본다. 격려는 개인의 자존감, 자기 개념, 자기 가치를 키우기 위해 그 사람의 자원에 초점을 두고 긍정적인 인정을 주는 과정이다(Dinkmeyer, McKay, & Dinkmeyer, 2008).

양육적인 면에서 격려는 긍정적인 면을 강조하고, 자녀가 실망을 통해 배울 수 있도록 하는 데 중점을 둔다. 이는 긍정적인 움직임을 인정하고, 긍정적인 기대를 하고, 자녀를 있는 모습 그대로 소중히 여기는 것을 의미한다. 아들러 치료자는 모든 아이에게는 격려가 필요하며, 아이들에게 자신감을 주는 것이 그들의 발달을 격려하는 가장 좋은 방법이라고 믿는다. 아들러 치료자들은 종종 "아이들에게 주는 격려는 식물에게 주는 물과 같다."라고 말한다. 자신감과 용기를 가진 아이들은 앞에 놓여 있는 어떤 문제도 그들이 변화시키고 통제할 수 있는 것에서 나온 것으로 받아들인다(Carlson et al., 2006). 응석을 부리고, 과잉보호를 받고, 신체적으로 아픈 아이들은 지나치게 도움을 주는 어른들에 의해 자존감이 훼손된다. 이것은 바로잡아야 한다. "아이들이 스스로 할 수 있는 일을 대신하지 마십시오."라는 원칙이 도움이 될 수 있다. 그렇지 않으면 도움을 주려고 하지만 무의식적으로 "너는 할 수 없을 것 같으니 내가 해야 해."라는 비언어적 메시지를 보내고 있는 것이다.

격려의 시작은 삶이 어려울 수 있다는 사실을 인정하고 내담자에게 변화할 수 있는 잠재력이 있다는 믿음을 심어 주는 것부터 시작해야 한다. 격려는 내담자가 원하는 변화를 얻기 위해 개인적이고 외적인 모든 자원을 사용하도록 조력하는 움직임이다. 예를 들면, 심리치료를 시작할 때 치료자는 상황이 어렵더라도 변화가 가능하다고 내담자를 격려할 수 있다. 이러한 접근 방식은 내담자에게 어느 정도의 기대감을 심어 주고, 직면한 여러 가지 어려움을 극복할 수 있다는 믿음을 전달한다. 치료자는 가능한 한 긍정적이고 낙관적인 자세를 취하여 내담자가 고통스럽고 낙담스러운 삶의 문제에 더 많은 관심을 기울이는 것과 균형을 맞출 수 있도록 한다. 격려에는 내담자의 과거 성공 경험과 긍정적인 자원을 살펴보는 것도 포함된다. 공통 요인에 대한 램버트(Lambert, 2013)의 고전적인 연구에 따르면 내담자의 강점과 자산을 포함한 내담자 요인이 치료 변화의 40%를 차지함을 보여 준다. 또한 아들러 심리학자는 격려와 칭찬의 차이점을 알고 있다. 후자는 내담자를 한 개인으로 평가하거나 승인하는 것을 의미하며(예: "잘했다고 생각해."), 이는 외적 강화의 원천이 될 수 있다(Sweeney, 2009).

격려를 강조하는 것은 미국을 비롯한 여러 나라에서 소외되고 억압당한 역사와 경험이 있는 사람들에게 특히 유용하고 적절할 수 있다(Wong, 2015 참조). 미국의 많은 사람이 성별, 인종 및 민족, 성적 지향, 사회계층 및 이민 신분과 관련된 편견과 제도적 차별 때문에 개인, 지역사회, 사회 차원에서 지속적인 낙담을 경험한다. 여러 면에서 미국에서는 전체 인구가 낙담하고, 소외되며, 무력하고, 투명 인간 취급을 받고 있다. 이러한 맥락에서 격려하고 수용하는 것은 내담자와 치료자 모두에게 사회적·정치적 파급력을 지닌 매우 유효하고 지지적인 과정이 될 수 있다. 이는 사람들이 인내심을 키우고, 행동을 통해 지역사회와 연결될 수 있도록 해 준다.

주관적 또는 사적 논리

아들러 치료자는 내담자의 관점으로 세상을 이해하려고 노력한다. 현상학적 입장을 취하는 아들러 심리학자들은 내담자가 세상을 지각하는 개별적이고 고유한 방식을 살펴본다. 개인의 생활양식을 정당화하고 설명하기 위해 사용하는 추론은 **사적 논리**(private logic)로 알려져 있다. 프로이트는 생물학과 본능적 결정론에 기초한 심리학과 이론을 발전시켰다. 아들러는 프로이트의 견해가 너무 편협하며, 인간은 단순히 유전과 환경에 의해 결정되는 것이 아니라 사건을 해석하고 영향을 미치고 창조할 수 있는 능력을 가지고 있다고 생각했다. 유전과 환경은 사람들이 자신의 삶을 창조하는 데 사용되는 '틀과 영향력(frame and influence)'의 역할을 한다. 궁극적으로 인간은 성장할 수 있는 능력과 선택권을 가지고 있다(Ansbacher & Ansbacher, 1956). 아들러 이론은 각 개인이 자신의 현실을 창조한다고 주장한다. 이 과정은 객관적이고 보편적인 합의라기보다는 고유하게 주관적이고 사적인 것으로, 상식 혹은 합의된 현실이라고 할 수 있다. 아들러는 인지적 개입의 발달을 예견하면서 사람이 상황을 보기 위해 선택하는 방식에 따라 그 어떤 경험도 수많은 다른 해석이 가능하다고 믿었다(Carlson et al., 2006). 칼슨과 스페리(Carlon & Sperry, 1998)에 따르면, 개인은 자신이 살고 있는 현실을 공동 구성하며 스스로 현실에 대한 의문을 품고, 현실을 해체하거나 재구성할 수 있다는 깨달음은 아들러 심리치료뿐만 아니라 다른 구성주의 심리치료의 근본적인 교리이다(Watts & Phillips, 2004).

개인의 주관적 현실에는 지각, 사고, 신념, 결론이 포함된다. 아들러는 철학자 한스 바이힝거(Hans Vaihinger, 1924)의 저서인 『마치 ~처럼의 철학(The Philosophy of "As If")』으로부터 큰 영향을 받았는데, 이 책은 인간의 인지 과정이 세상에서 생존하고 활동하는 데 목적적이고, 도구적이며, 기능적인 의미를 제공한다고 강조했다. 아들러는 바이힝거의 철학을 바탕으로 현실과 반드시 일치하지는 않지만 삶의 과제와 문제에 대처하는 데 유용한 도구로 작용하는 **허구**(fiction) 또는 주관적 사고 구성 개념을 도출했다. 아들러(Adler, 1931/1992)는 다음과 같이 언급했다.

> 인간은 의미의 영역에서 살아간다. 우리는 사물을 추상적으로 경
> 험하는 것이 아니라 항상 인간의 관점에서 경험한다. 그 근원에서조
> 차 우리의 경험은 인간의 관점에 의해 규정된다. 우리는 현실에 부
> 여하는 의미를 통해서만 현실을 경험한다. 사물 그 자체가 아니라
> 해석된 것이다(p. 15).

한 사람의 생활양식은 사적 논리라고 하는 깊이 자리 잡은 개인적
신념 또는 구인에 기반을 두고 있으며, 이는 어린 시절에 형성된 아
이디어로 구성되며 이후의 삶에 적합할 수도 있고 적합하지 않을 수
도 있다. 간단히 말하자면, 아들러 심리학자들은 **당신이 생각하는 대
로 당신이 존재한다**고 믿는다(Carlson et al., 2006). 당신이 무언가를 생
각하거나 집중할 때, 더 많은 것을 보게 된다. 사람이 성장하고 발달
함에 따라 주관적인 개인적 경험을 바탕으로 옳고 그름에 대한 생각
이 형성된다. 예를 들면, 초기 경험이 고통스럽고 낙담했다면, 잘못된
생각이나 **잘못된 논리**(faulty logic)를 갖게 될 수 있다. 이는 자녀가 가
족 내에서 자신이 중요하다고 느낄 수 있는 건강한 방법을 찾을 수
없을 때 발생할 수 있다. 가족 안에서 부정적인 방식으로만 행동하여
가족 안에 맞추려는 것이 개인의 유일한 방법이 될 때 논리는 잘못된
다. 아이들은 어떤 종류의 중요성을 얻기 위해 관심을 끌 수 있는 유
일한 방법이 부정적이고 집단에 유용하지 않은 방식으로 행동하는 것
임을 배울 수도 있다. 따라서 분노 발작 행동을 보이거나 불량한 행

동을 하는 것도 싸움이나 무례한 행동과 마찬가지로 효과가 있다. 아이들의 관심 추구 행동 이면에 있는 사적 논리는 그들이 가치가 없거나 중요하지 않으며, 대단한 사람이 되기 위해서는 다른 사람들이 그들을 알아봐 주어야 한다는 믿음이다. 다른 사람의 관심을 받는 유일한 순간이 잘못된 행동을 할 때뿐이라면, 잘못된 행동이 관심을 받는 방식이 되고 잘못된 논리로 굳어지게 된다. 대부분의 아이에게는 고통스러운 관심일지라도, 어떤 종류의 관심이라도 전혀 관심을 받지 않는 것보다는 낫다.

아들러 상담자에게는 주관적이고 사적인 논리, 즉 과거 사건에 대한 내담자의 지각과 초기 사건에 대한 이러한 해석이 내담자의 삶에 지속적으로 영향을 미치는 방식을 이해하는 것이 더 중요하다. 아들러 치료자에게는 현실의 삶이 실제로 어떠한가보다는 개인 내담자가 삶을 어떻게 믿는가가 더 중요하다. 매 경기에서 자신의 축구팀이 큰 차이로 패하고 있음에도 불구하고, 자기 축구팀이 리그에서 최고 중 하나라고 믿는 12세 소년을 생각해 보자. 그의 믿음은 실제 점수에 의해 영향을 받는 것이 아니라, 자신과 팀이 가치 있다는 긍정적인 자기 개념과 기대에 의해 영향받는 것으로 보인다. 사람의 관점은 과거와 현재의 문화적 맥락에 의해 영향받는데, 이는 모든 스트레스 요인의 의미가 문화에 기반하고 있음을 시사한다. 무엇보다도 그 의미는 개인을 격려하거나 낙담시키는 가족이나 사회적 맥락에서 비롯될 수 있다.

생활양식

아들러 심리학의 성격 구인(construct)을 **생활양식**(lifestyle, style of life)이라고 부른다. 각 개인에게 고유한 생활양식은 결정과 행동에 영향을 주는 기본적인 신념, 선택, 가치를 포함하는 개인의 일련의 태도이다(Ansbacher & Ansbacher, 1956; Mosak & Maniacci, 1999; Shulman & Mosak, 1988; Stein & Edwards, 1998). 생활양식은 개인과 집단이 함께 만들어 내는 것으로 문화적 환경의 영향을 강하게 받는다(Frevert & Miranda, 1998). 생활양식은 삶의 목적을 향해 나아가고 우월성을 추구하는 독특한 방식이다. 사회적 맥락 속에서 어린 시절에 만들어진 생활양식은 생애 과제와 도전에 대처하는 청사진 역할을 한다. 아들러는 개인은 사회적 맥락 내에서만 이해될 수 있으며, 가족은 가장 중요한 첫 번째 맥락을 제공한다고 했다. 어린 시절의 사회적 맥락에는 출신 문화의 맥락과 **가족 구도**(family constellation, 일차 가족 집단의 심리-사회-정치적 조직과 구조를 일컫는 아들러의 용어)에 대한 경험이 모두 포함된다. 가족 구도에는 출생 순위, 자기에 대한 지각, 형제자매 특성, 부모와의 관계에 대한 관심이 포함된다. 아이들은 가족 내에서 자신의 역할에 대해 배우며, 가족과 다른 사람들이 세상을 어떻게 점유하고 탐색하는지 관찰한 후에, 이러한 초기 지각과 관계를 바탕으로 생활양식을 만들어 가는 경향이 있다. 다문화적 고려 사항과 관련하여, 레디와 한나(Reddy & Hanna, 1995)는 아들러의 생활양식 개념이 효과적인 다문화 치료의 필수적인 측면인 개인과 집단 모두의 사례개념화에 적합하다고 언급했다. 아들러 이론은 생활양식을 형성하는 데 있어 동질적인 문화 내일지라도 주관적이고 개별화된 심리적 과정의 영향을 강조한다(Miranda & Fraser, 2002).

아이들은 가정 외부 요인에 의해서도 영향을 받는다(Powers & Griffith, 1987). 또래, 학교 직원, 이웃, 코치, 친구와 그 가족, 기타 지역 및 문화 기관의 역할을 고려해야 한다. 많은 아이에게, 부모가 아닌 다른 성인과의 의미 있는 첫 접촉은 학교에 가서 교사를 만날 때 발생한다. 이러한 요소도 사정해야 하며 종종 생활양식의 뉘앙스를 이해하는 데 단서를 제공할 수 있다.

아들러 학파는 생활양식이 5~6세에 정해진다고 믿는다(Ansbacher & Ansbacher, 1956). 아들러 심리학 이론은 성장 모델이기 때문에, 아들러 치료자는 대부분의 경우 핵심 생활양식이 안정적으로 유지되지만, 생활양식이 평생에 걸쳐 어느 정도 개선될 수 있다고 믿는다. 개인의 기본적인 신념(즉, 소속 방법을 정하는 규칙)이 변할 수 있는 한 가지 방법은 치료적 사건이 발생하는 경우이다. 이 사건은 실제 치료일 필요가 없으며, 종종 그렇지 않은 경우도 있다. 예를 들면, 자신을 사랑할 수 없는 사람이라고 생각하는 사람이 자신을 사랑하는 사람을 만나게 되면 치료와 같은 변화를 경험할 수 있다. 이러한 경험은 한때 '사랑할 수 없는 사람'이었던 사람의 삶을 진정으로 변화시킬 수 있다.

수많은 문화적·맥락적 요인도 생활양식 발달에 영향을 미친다. 프레버트와 미란다(Frevert & Miranda, 1998)는 생활양식을 사용하여 미국에서 라틴계의 문화를 이해하고 치료 개입을 위해 사례개념화를 했다. 그들은 많은 라틴계 사람의 생활양식에 중대한 영향을 미치는 것은 이주 및 이민이 심리적 적응에 미치는 영향이라고 했다. 예를 들면, 문화적 적응과 장기간에 걸친 선주민 문화와의 접촉에 따라 멕시코계 미국인 5세대는 최근에 엘살바도르에서 온 이민자와 매우 다를 수 있다는 점에 주목했다.

생활양식에는 다양한 목적이 있다(Carlson et al., 2006). 첫째, 생활양식은 삶을 헤쳐 나가고 이해하는 데 도움이 되는 지침이다. 둘째, 생활양식은 개인이 무엇을 할 것인지, 하지 않을 것인지에 대한 "제한 장치(limiter)"이기도 하다. 예를 들면, 온화한 성격의 책임감 있고 집중력 있는 남자를 상상해 보자. 이는 특정 상황에서 그가 익숙하게 보여 줄 것으로 예상되는 반응의 범위를 예상하게 한다. 만약 그가 경미한 교통사고를 일으켰다면, 사고 현장을 떠나거나 다른 운전자를 언어적 또는 물리적으로 공격하는 것은 그의 성격에 맞지 않을 것이다. 그는 무책임하거나 폭력적으로 행동하는 방법을 알지도 못하거나 심지어 생각조차도 하지 않았을 것이다. 셋째, 생활양식은 삶의 안전감과 리듬감을 준다. 의미를 만들고 가치를 창출하는 과정에서 구조와 지침이 필요하지만, 예측 가능성과 규칙성도 필요하다. 우리의 생활양식은 습관, 즉 의식적인 통제가 필요하지 않은 습관적인 반응을 개발하는 것이다. 다시 말하면, 우리는 생각할 필요 없이 습관적인 또는 '자동화된' 방식으로 사건에 반응한다. 따라서 생활양식은 인간이 삶의 우발적인 상황에 대비하는 방법에 대한 포괄적인 일련의 규칙[즉, '통행 규칙(rules of the road)']으로 볼 수 있다(Mosak & Maniacci, 1999).

또한 생활양식은 우리의 행동에 일관성이 있도록, 행동이 어떻게 조화를 이루는지 설명하는 데 도움이 된다. 모든 사람이 동일한 생활양식을 갖고 있지는 않다. 사람마다 자신과 세상에 대한 주관적인 관점으로 구성된 각기 다른 재능을 발달시키기 때문이다. 아들러 치료자는 모든 행동이 목적 지향적이라고 믿기 때문에, 일단 내담자의 생활양식을 이해하면, 내담자의 경험을 이해하거나 최소한 내담자 스스로 이를 발전시킬 수 있도록 도울 수 있다.

생활양식을 이해하는 또 다른 방법은 개인이 사랑, 우정, 일이라는 생애 과제에 어떻게 접근하는지 살펴보는 것이다. 모든 생활양식이 생애 과제를 성공적으로 완수하는 데 항상 효과적인 것은 아니라는 점을 간과해서는 안 된다.

아들러 치료자에게 정서는 생활양식에 도움이 되는 것이지 방해하는 것이 아니다(Dreikurs, 1967). 사람은 자신의 생활양식을 붕괴시키는 정서를 경험하는 것이 아니라, 오히려 생활양식을 촉진하기 위하여 정서를 만들어 낸다. 행동과 마찬가지로, 모든 정서에도 목적이 있으며, 치료자는 생활양식을 파악함으로써 정서가 어떻게 사용되는지 알 수 있다(Carlson et al., 2006). 아들러 치료자는 정서를 유발하는 원인보다 정서가 전반적인 생활양식에 어떻게 부합하는지에 더 관심이 있다. 몇 가지 예를 살펴보자. 분노는 사람을 밀어내거나 다른 사람이 복종하도록 강요하는 데 사용될 수 있다. 무감정은 힘을 만드는 데 사용될 수 있다. 사람들이 아무것도 신경 쓰지 않으면 그들을 통제하는 것은 어렵기 때문이다. 수치심은 자신에게 문제가 있다고 느끼도록 만드는 데 사용될 수 있어서, 그것은 낙담을 야기할 수 있다. 사랑은 무언가를 향해 나아가고 싶을 때 생성되는 정서이다. 타인에 대한 애착이 주된 동기인 사람은 사람들을 사랑할 것이다. 안전함이

주된 동기인 사람은 안전감을 사랑할 것이다. 다시 말하자면, 모든 정서는 그 사람의 생활양식을 위해 존재한다.

생활양식 유형 또는 유형론

아들러 학자들은 몇 가지 생활양식 유형을 제안했는데(Mosak & Di Pietro, 2006), 그중 가장 일반적인 유형은 다음과 같다(Ansbacher & Ansbacher, 1956). 모든 사람이 똑같은 생활양식을 가지고 있는 것은 아니며, 어느 누구도 다음 유형 중 하나에만 완전히 부합하지 않는다는 점에 유의하는 것이 중요하다.

- **지배형**(ruling): 이 유형의 사람은 인간관계에서 지배적이다. 다른 사람에 대한 주도성은 많지만, 사회적 관심은 거의 없다. 이 유형의 사람은 보스가 되어야만 하는 사람이다.
- **기생형**(getting): 이 유형의 사람은 다른 사람에게 무언가를 기대하고 의존한다. 주도성과 사회적 관심이 거의 보이지 않는다. 그들은 원하는 것을 얻기만 하면 행복해한다.
- **회피형**(avoiding): 이 유형의 사람은 문제를 회피한다. 이전의 생활양식과 마찬가지로 다른 사람에 대한 사회적 관심이나 배려가 거의 없다. 그들은 '모험할 것도 없고, 잃을 것도 없다'라고 믿으며, 다른 사람과 그들이 지닌 문제에 대한 접촉을 피하려고 한다.
- **추진형**(driving): 이 유형의 사람은 성취를 필사적으로 원한다. 이는 '완전한 성공' 아니면 '완전한 실패'의 문제이며, 그 사이에는 아무것도 없다. 성취를 이룰 수는 있지만, 다른 사람의 이익을

희생시켜야 한다.

- **통제형**(controlling): 이 유형의 사람은 질서를 지키지만, 그 질서 는 반드시 **자신의** 질서여야 한다. 예측 가능한 상황을 유지하고 돌발 상황을 피하기 위해 많은 노력을 기울인다. 체제 안에서 다 른 사람이 개인의 계획을 끊임없이 방해하기 때문에 사회적 관 심은 미미하다.

- **피해자형**(victimized): 이 유형의 사람은 삶이 자신에게 불공정하 고 열악하다고 느낀다.

- **선한 사람형**(being good): 이 유형의 사람은 더 유능하고, 더 유용 하고, 더 옳고, '당신보다 더 거룩한' 존재가 됨으로써 우월감을 충족시킨다. 극소수만이 이 유형에 속하며, 높은 활동 수준과 사 회적 관심이 특징이다.

- **사회적 유용형**(being socially useful): 이 유형의 사람은 다른 사람 과 협력하고, 자기 과시 없이 사회적 안녕에 기여한다. 활동 수 준과 사회적 관심이 모두 의미 있고 건설적인 방향을 지향한다.

생활양식 사정

전통적으로 생활양식은 임상 장면에서 체계적이고 상세한 면담 일 정을 통해 사정되었다(Carlson et al., 2006). 공식화된 생활양식 척도는 슐만과 모삭(Shulman & Mosak, 1988)의 『생활양식 사정 매뉴얼(Manual for Life Style Assessment)』에 제시된 지침에 따라 수행된다. 이러한 공 식화된 절차에서는 신체 발달, 성역할 지침(gender-guiding lines), 형 제자매 구도, 가족 분위기, 초기 회상 등에 대한 정보를 수집한다. 최종적인 결과는 개인과 그들의 생활양식에 대한 정확한 그림이다. 이러한 포괄적인 정보 수집의 단점은 완료하는 데 최소 8~10회기가 필요하며, 때때로 개인 간 그리고 집단 간 비교가 어렵기 때문에, 생활양식에 관한 대규모 연구에 한계가 있다(Gallagher, 1998). 시간적 제약이 있는 아들러 치료자는 로이 컨(Roy Kern)의 연구에 기반한 도구를 이용하여 수정된 생활양식 척도를 사용할 수 있다. 이는 부록에 수록되어 있다.

생활양식 사정에는 개인이 8세 미만부터 기억할 수 있는 개별적이고 가장 오래된 기억인 **초기 회상**의 수집도 포함된다. 아들러 상담자는 사람들이 이러한 기억을 현재 삶의 철학에 대한 요약으로 간직하고 있으므로 현재 행동을 해석하는 데 사용할 수 있다고 믿는다(Clark, 2002, 2013; Mosak & Di Pietro, 2006). 그들은 이러한 기억을 수집하여 로르샤흐 잉크 반점 검사와 같은 투사법으로 사용한다. 모삭과 디 피에트로(Mosak & Di Pietro, 2006)에 의하면, 초기 회상은 아들러의 최초 논문이 발표되었을 때부터 아들러 치료자의 주요한 사정 도구로 사용되어 왔다고 한다. 그는 초기 회상이 각 개인의 삶의 이야기 또는 생활양식의 일면을 보여 준다고 말했다. 특히 치료자는 한 개인의 가치관뿐만 아니라 그 개인이 어떻게 생각하고, 느끼고, 행동하는지를 발견할 수 있다.

생활양식 정보 수집을 표준화하고 간소화하기 위해 BASIS-A 척도(Basic Adlerian Scales for Interpersonal Success-Adult Form Inventory)가 만들어졌다. BASIS-A 척도는 생활양식과 성격 특성의 개념에 대한 수년 동안의 연구를 바탕으로 개발되었으며, 미네소타 다면적 인성검사

(MMPI), 16 성격 요인 검사(16PF), MBTI(Myers-Briggs Type Inventory), 밀론 다축 임상 성격검사(MCMI-II), 약물남용 간편 스크리닝 척도 2판(Substance Abuse Subtle Screening Inventory-2: SASSI-2), 간이정신진단검사(Symptom Checklist-90-Revised: SCL-90-R), 바스 리더십 질문지(Bass Leadership Questionnaire), 부부적응 척도(Dyadic Adjustment Scale), 벡 우울증 척도(Beck Depression Inventory), 스트레스 대처자원 척도(the Coping Resource Inventory for Stress: CRIS) 등과 상관관계가 있는 것으로 보고되고 있다(Curlette, Wheeler, & Kern, 1993). 약물남용, 사법적 처분을 받은 청소년과 교도소 수감자, 경영 리더십과 매니지먼트 스타일, 상담자 발달 및 슈퍼비전, 섭식 장애, 기타 정신 건강 진단을 포함한 주제와 관심 대상에 적용되어 아들러 기반 연구에서 지속적으로 광범위하게 사용되고 있다. 연구 분야 외에도 BASIS-A 척도는 임상 정신 건강 실제, 슈퍼비전, 비즈니스와 조직 분야에서 사용된다. 자세한 정보와 주문은 웹사이트(http://www.basis-a.com)를 이용할 수 있다.

　5가지 핵심 척도와 5가지 보충 척도가 있다. 5가지 핵심 척도는 소속감/사회적 관심(Belonging/Social Interest: BSI; 소속감을 얻고, 대규모 집단 또는 일대일로 공동체에 공헌하는 방식 측정), 함께 어울리기(Going Along: GA; 규칙과 기대를 얼마나 중요하게 여기는지 또는 창의적이고 독립적인 생각을 하는지를 측정), 책임지기(Taking Charge: TC; 리더십을 발휘할 기회에 얼마나 관심을 갖는지 또는 추종자에 더 가까운지를 측정), 인정받기(Wanting Recognition: WR; 타인으로부터 외적 인정을 받으려는 정도 또는 내적으로 더 동기화되었는지를 측정), 주의하기(Being Cautious: BC;

타인을 신뢰하고 삶을 관리/예측 가능한 것으로 보는 정도 또는 회의적인 입장을 취하면서 사람과 삶을 예측 불가능하다고 보는 정도 측정)이다. 5가지 보충 척도는 가혹함(Harshness: H; 어린 시절 경험이 얼마나 예측 불가능했는지를 나타내는 지표로서 BC 점수를 보강함), 특권의식(Entitlement: E; 성장 과정에서 특별한 관심을 받았다고 인식하는 정도 측정), 호감(Liked by All: L; 다른 사람에게 호감을 받고 싶은 정도 측정), 완전 추구(Striving for Perfection: P; 자기 효능감과 유사하게 목표를 설정하고 달성할 수 있다고 믿는 정도 측정), 부드러움(Softness: S; 삶에 대한 낙관적인 정도 측정)이다. 이 척도는 퍼즐 조각처럼 아들러 상담자에게 개인의 생활양식과 그 개인이 자신, 타인, 세상을 어떻게 바라보는지에 대한 종합적인 이해와 그림을 제공한다.

가족 안팎의 다른 사람들과의 관계를 기반으로 결정될 수 있는 생활양식 사정에서 문화적 고려가 매우 중요하다는 점을 강조하는 것이 중요하다(Frevert & Miranda, 1998). 따라서 생활양식 사정은 내담자의 환경 내에서 내담자를 정확하게 이해하기 위해 내담자의 문화적 신념과 규범을 고려하여야 한다. 예를 들면, 많은 라틴계 사람에게 자기 정체성은 가족과 친구를 포함한 광범위한 지지 네트워크와 관련되어 있다. 퍼킨스-도크(Perkins-Dock, 2005)는 아들러 접근법이 아프리카계 미국인을 작업하는 데 효과적이라고 제안했다. 이는 지역사회 및 비친족 관계를 가족 구도의 일부로서 탐색하고 수용하기 때문이다.

기본적 오류와 핵심 두려움

기본적 오류(basic mistakes)는 개인의 생활양식에서 나타나는 자기 패배적인 태도와 신념이다. 앨버트 엘리스(Albert Ellis)의 합리적 정서 행동 치료, 아론 벡(Aaron Beck)의 인지 치료, 아놀드 라자루스(Arnold Lazarus)의 중다양식 치료는 모두 기본적 오류라는 개념에 기반한 그들만의 용어를 가지고 있다. 이러한 모든 접근법은 사람들이 사물이나 다른 사람 때문에 '화를 내는 것'이 아니라 자신이 선택한 사고방식 때문에 화를 내는 경향이 있다는 아들러의 신념을 공유한다. 기본적 오류는 논박하고 변화시킬 수 있는 인지의 한 예이다. 기본적 오류는 종종 다른 사람으로부터의 회피 또는 철회, 과도한 자기 관심, 또는 힘에 대한 욕구를 반영한다. 모삭(Mosak, 2005)은 가장 흔한 기본적 오류 다섯 가지를 나열했다.

- **과잉 일반화**: "세상은 공정하지 않아." 또는 "모두가 나를 싫어해."
- **거짓되거나 불가능한 목표**: "내가 사랑받으려면 모든 사람을 기쁘게 해야만 해." 또는 "내가 완벽해야만 사람들이 나를 사랑할 거야."
- **삶과 삶의 요구에 대한 잘못된 인식**: "삶은 나에게 너무 힘들어." 또는 "시카고는 바람이 많이 불기 때문에, 아무도 시카고에서의 삶을 즐길 수 없어."
- **자신의 기본적 가치에 대한 부정**: "나는 기본적으로 어리석은데, 누가 왜 나와 함께하고 싶겠어?"
- **잘못된 가치**: "과정에서 누가 다치든 상관없이 나는 반드시 정상에

올라가야만 해."

아들러 이론이 특히 도움이 되는 또 다른 영역은 **핵심 두려움**(core fears)을 식별하고 다루는 것이다. 아들러 이론의 렌즈를 사용하여 내담자가 가장 흔하게 호소하는 두려움을 조사할 수 있다. 일반적으로 확인된 두려움의 영역은 다음과 같다(Dinkmeyer & Sperry, 2000; Shulman, 1973).

- **불완전에 대한 두려움**: 우리 각자가 위선자(fraud)라는 것은 우리의 가장 깊고 어두운 비밀 중 하나이다. 아들러 치료자는 내담자가 이러한 위선자에 대한 두려움을 인식하고, '불완전할 용기'를 발달시키도록 돕는다.
- **취약에 대한 두려움**: 우리의 생각을 진실하고 정직하게 드러낼수록 다른 사람이 우리가 모르는 것을 발견할 가능성이 커진다. 우리는 실제보다 훨씬 더 많은 것을 아는 척하며 살아간다. 완전한 진정성으로 친밀감을 얻을 수 있지만, 친밀한 만큼 취약해지고, 거절당할 위험이 있다. 아들러 치료자는 내담자가 자신의 생각과 감정을 솔직하게 나눌 수 있는 안전한 환경을 만든다. 내담자는 거절에 대한 두려움 없이 진정성 있고 진실해지는 법을 배울 수 있다.
- **불인정에 대한 두려움**: 누구나 항상 사랑받고 인정받기를 원한다. 이는 가능해 보이지는 않더라도, 영원한 추구인 듯하다. 다른 사람과 더 많이 유대를 맺고 자신의 진정한 모습을 더 많이 보여

줄수록 상처받을 위험도 더 커진다. 아들러 치료자는 내담자가 모든 사람을 기쁘게 하는 것은 불가능하며, 우리로부터 사랑받고 인정받고 싶지 않은 사람도 많다는 사실을 깨닫도록 돕는다.

■ **책임에 대한 두려움:** 우리는 모두 살면서 실수를 하고, 그중에서 일부는 후회한다. '만약 내가 일을 다르게 처리했었다면. 만약 내가 다시 시작할 수 있다면'이라고 생각하기 쉽다. 아들러 치료자는 내담자가 과거에 대한 후회로 고통받는 것을 멈추고 앞으로 나가는 선택을 하도록 돕는다.

기본 생애 과제

아들러 치료자는 삶의 문제와 도전을 다섯 가지 주요 **생애 과제**로 분류할 수 있다고 믿었다. 아들러는 처음 세 가지를 (a) 사회적 관계의 문제, (b) 일의 문제, (c) 사랑의 문제에 대처하는 것으로 확인했다. 이렇게 생각해 보자. 개인과 부부가 일반적으로 싸우고 해결하기 위해서 치료에 가져오는 문제는 어떤 것일까? 비록 세부적으로 다를지라도 큰 틀에서는 대부분 자녀, 돈, 성에 관한 것으로 다투며, 이는 아들러가 처음 파악한 주제들이다. 후에 다른 중요한 생애 과제가 추가되었다. (d) 자기 자신에 대한 대처(Dreikurs & Mosak, 1967)와 실존에 대한 이해(Mosak, 2005)이다. 이는 아들러 이론을 더 견고하게 만든 '실존적' 차원을 나타낸다. 왜냐하면 더 큰 사회적 맥락에서 자신의 문제와 그 문제의 의미를 살펴볼 수 있는 여지를 열어 주었기 때문이다. 마지막으로, (e) 양육 및 가족 관련 과제(Dinkmeyer, Dinkmeyer,

& Sperry, 1987)가 추가되었는데, 이는 가족 문제에 대처하는 과제를 다루려는 것이다. 이 아이디어가 개발된 지 수십 년이 지났음에도 불구하고 많은 귀중한 아이디어를 담을 정교한 참조틀은 여전히 거의 없다. 아들러 학파에 따르면 건강하다는 것은 기본적 생애 과제를 모두 완수하는 것을 뜻한다. 어느 한 영역에서 실패하면 어려움이 생긴다. 내담자가 치료에 왔을 때는 종종 기본적 생애 과제 중 하나 이상에 어려움이 생긴 경우이다. 치료의 또 다른 공통의 목표는 내담자가 과제를 더 성공적으로 수행하기 위해 생활양식을 수정하도록 돕는 것이다.

생애 과제는 아들러 심리학의 관계적 측면도 보여 준다는 점에 유의하는 것이 중요하다. 와츠(Watts, 2012)는 다섯 가지 과제가 친밀하고 사랑하는 관계, 친구 및 사회 내 다른 사람과의 관계, 직장 내 관계, 자신과의 관계, 신 또는 우주 자체와의 관계를 다루고 있다고 말했다.

사회적 관심

아들러 치료자는 모든 개인이 자신뿐만 아니라 공동체에 대한 책임이 있다고 믿는다. **사회적 관심**(social interest)은 다른 사람에 대한 관심을 측정하기 위해 사용되는 다층적인 아들러 이론 용어이다(Bass, Curlette, Kern, & McWilliams, 2002). 사회적 관심은 모든 사람이 가지고 있는 이타적 욕구 또는 다른 사람에게 베풀고자 하는 기본적 욕구이다. 사회적 관심은 아들러가 사용한 독일어 단어인 Gemeinschaftsgefühl

을 부적절하게 번역한 것이다. 이 단어를 몇 부분으로 나누면, 좀 더 의미 있는 번역이 된다. Gemein은 '평등한 공동체', shafts는 '만들다' 또는 '유지하다', Gefühl은 '사회적 감정'을 의미한다. 종합하면, Gemeinschaftsgefühl은 사회적 감정과 이익을 만들고 유지하는 평등한 공동체, 즉 개인으로서나 공동체로서 더 나은 삶을 위해 평등하게 함께 일하는 것을 의미한다. 대략적으로 정의하면, 사회적 관심은 사람들이 서로에 대해 느끼는 일종의 공감적 유대감, 서로에 대해 취하는 책임감 있는 행동과 태도, 소속감, 공동선을 위해 다른 사람들과 함께 참여하는 것이다. 이는 우리가 모두 인류 공동체의 일원이며 더 나은 세상을 만들어야 할 책임이 있다는 점을 고려한다(Ansbacher, 1992b). 아들러는 '공동체감(community feeling)'이 이 용어를 가장 잘 번역한 것으로, 사람들 사이의 폭넓은 친밀감을 포함하며 동물, 환경, 우주까지 확장될 수 있다고 설명했다.

커트 아들러(Kurt Adler, 1994)에 따르면, 제1차 세계대전의 비극은 그의 아버지와 자신이 치료한 전쟁 트라우마를 겪은 수많은 군인과 피해자에게 깊은 영향을 미쳤다. 이러한 경험을 통해 알프레트 아들러는 문명사회는 개인주의보다 사회적 감정이 더 필요하다는 결론에 도달했다. 아들러는 대부분의 사람이 어린 시절의 열등감(때로는 열등감 콤플렉스 또는 보상적이고 역설적인 우월감 콤플렉스를 만들어 냄)으로 인해 적절한 사회적 감정이 결여되었다고 확신했다. 아들러는 이 문제를 해결하기 위해 사회적 감정 또는 공동체감의 중요성을 강조하기 시작했다. 그는 정서적으로 건강한 사람은 강한 사회적 감정이 있으며, 다른 사람에게도 사회적 감정을 격려할 수 있다고 믿었다(King &

Shelley, 2008).

아들러의 전기 작가인 필리스 바텀(Phyllis Bottome, 1939)은 사회적 관심은 본질적으로 "네 이웃을 사랑하라."는 것이며 모든 종교의 목적과 동일하다고 했다. 아들러는 종교적인 사람이 아니었지만, 종교적 목적에 실제로 도달할 수 있는 방식으로 인간을 훈련하기 위하여 아직 그 어떤 과학자도 성취하지 못한 일을, 즉 과학을 종교적 목적에 연결하는 일을 할 준비가 되어 있었다.

사회적 관심은 행동을 통해 공동체감을 표현하고, 사람들이 사회적으로 유용한 방식을 통해 행동하도록 안내하는 수단이다(Ansbacher, 1992b). 사회적 관심은 '사회적'이 되고 싶거나 '사회적'인 것이 아니라, 공동선을 위해 다른 사람과 함께 참여하고 소속감을 얻는 것이다. 여기에는 세상을 더 나은 곳으로 만들기 위해 노력하는 개념이 포함된다. 사회적 관심이 발달하고 증가함에 따라, 열등감은 감소한다. 사회적 관심은 정서적·인지적·행동적 수준에서 표현될 수 있으며(Stein & Edwards, 1998), 온라인과 가상 환경에서의 연결을 통해 표현되고 경험될 수 있다(Hammond, 2015).

사회적 관심은 공감을 경험하고 표현하는 것과도 관련되어 있다 (Clark, 2007; Watts, 1998). 아들러(Adler, 1979)는 공감과 이해를 바탕으로 하는 사회적 관심에 대한 이해를 제시했다. 즉, 사회적 관심은 "다른 사람의 눈으로 보고, 다른 사람의 귀로 듣고, 다른 사람의 마음으로 느끼는 것"(p. 42)이다. 아들러 자신의 말을 보면 공감이 사회적 관심의 전반적인 경험에 포함된다는 것이 분명해 보인다. 안스바허 (Ansbacher, 1983)는 사회적 관심이란 "단순히 다른 사람에 대한 관심

이 아니라 다른 사람의 이익에 대한 관심"을 의미한다고 말했다
(p. 85). 사회적 관심이 발달한 개인은 "(내담자의) 주관적인 경험, 사적
인 세계, 의견을 이해하고 존중할 수 있다. 그러한 개인은 관용적이며,
즉 합리적이고, 이해하며, 공감하고, 동일시할 수 있다"(Ansbacher,
1992b, p. 36).

아들러 상담자는 사회적 관심을 매우 중요하게 생각하여 정신 건
강의 척도로 자주 사용하며(Carlson et al., 2006), 타인과의 소속감이나
유대감이 결여되면 정신병리가 발생한다고 언급했다(Shifron, 2010).
모삭(Mosak, 1989)은 사회적 관심이 있는 사람을 "공동 복지에 관심을
갖고 사회적으로 공헌하는 사람이며, 정상성에 대한 아들러의 실용적
인 정의에 따라 정신적으로 건강한 사람"(p. 67)이라고 언급했다. 살
인자나 반사회적 성격을 가진 사람들은 지나치게 이기적인 사람과 마
찬가지로 당연히 사회적 관심이 낮은 것으로 여겨진다. 아들러는 치
료가 내담자의 개인적인 어려움을 해결할 뿐만 아니라 타인에 대한
더 많은 관심과 연민을 키우는 데 중요한 역할을 할 수 있다고 믿었
다. 역설적이게도 타인에 대한 연민을 기르는 것은 내담자의 개인적
인 어려움을 해결하는 데도 도움이 된다. 아들러 학파는 치료계획의
일부로 내담자가 다른 사람에게 친절하고 관대하게 행동할 것을 일상
적으로 제안한다. 주는 것을 통해 받는다는 것을 내담자에게 가르친
이후 초점을 자기 자신에서 타인으로 옮기게 한다.

사회적 관심은 생활양식에 영향을 미친다. 사회적 관심이 있을 때
우리는 모두에게 좋은 방식으로 삶의 자리를 찾게 된다. 이는 개인이
자기 자신뿐만 아니라 다른 사람을 고려하는 생활양식이다(Carlson et

al., 2006). 모삭(Mosak, 2005)은 사회적 관심이 세 단계로 진화한다는 관점을 제안했다. 첫 번째 단계는 **적성**(aptitude)으로, 모든 사람은 협력과 사회적 삶을 위한 잠재력을 가지고 태어나는데, 생애 초기 단계에서 다른 사람과의 성공적인 유대감을 느끼는 능력이 가족 구도 안에서 부모-자녀 간 유대 및 가족 구성원의 관계에 의해 강하게 형성된다는 개념이다. 두 번째 단계는 **능력**(ability)으로, 사회적 관심에 대한 적성이 발달하여 다양한 활동에서 사회적 협력을 통해 사회적 관심을 표현하기 시작한다. 마지막 단계는 **이차 역동적 특성**(secondary-dynamic characteristics)으로, 사회적 관심을 생활양식의 다양한 측면에 통합하는 능력을 토대로 한다.

사회적 관심은 모든 주요 종교의 근간이며, 많은 비서양권 국가의 삶의 방식이다(Alizadeh, 2012; Erickson, 1984; Watts, 2000a). 예를 들면, 대부분의 라틴과 아시아 국가에서는 공동체 또는 다른 집단적 가치가 삶의 중심에 있다(Carlson, Englar-Carlson, & Emavardhana, 2011, 2012). 알리자데(Alizadeh, 2012)는 이슬람과 사회적 관심 사이의 유사점을 언급하면서 "이슬람 안에서 **사람들은 혼자가 아니고, 신은 그들과 그들의 마음 안에 함께하신다.** 이 마음(ghalb-e salim)은 건강하게 유지되어야 하며, 건강하게 유지하는 최선의 방법은 사람들과 평등하게 존중하며 함께 사는 것이다."(p. 222)라고 말했다.

사회적 관심은 문화적 정체성에 의해 영향을 받을 수도 있다. 다른 사람을 돕고, 사회적 공동체에 공헌하는 관심과 사회적 소속감에 대한 아들러의 개념은 많은 아프리카계 미국인 가정의 문화적 가치 체계를 뒷받침한다(Boyd-Franklin, 1989; Parham, 2002; Perkins-Dock,

2005). 아프리카 중심의 세계관은 모든 것이 연결되었다는 개념에 기반하며, 이는 아프리카계 미국인과 그들이 살아가는 사회문화적 맥락 사이의 연관성을 설명하는 데 도움이 된다(Parham, 2002). 이러한 연결감과 공통성은 아들러의 사회적 관심 구인과 일치한다(Perkins-Dock, 2005). 미란다 등(Miranda et al., 1998)은 미국 주류 문화에 고도로 적응한 라틴계, 적응하지 못한 라틴계, 라틴 문화와 미국 문화의 신념과 관습에 강하게 연결되어 있는 이중문화 라틴계와 같이 세 집단으로 구분하여 사회적 관심 수준을 살펴봄으로써 라틴계의 정신 건강을 연구했다. 연구자들은 이중문화 라틴계가 문화적 적응 수준이 낮은 라틴계와 문화적 적응 수준이 높은 라틴계 모두보다 사회적 관심이 더 높다는 것을 발견했다. 연구진은 이중문화 라틴계가 적응 수준이 더 높고, 문화적 적응 과정에서 자기효능감이 더 높았는데 이는 미국 사회와 라틴 사회에 대한 연결감 때문인 것으로 가정했다. 태국의 **자비**(metta) 수행은 사회적 관심을 발달시키는 것과 대등한 또 다른 개념이다(Carlson et al., 2011, 2012). 자비(metta)는 당신이 사랑하는 사람, 중립적인 사람, 당신을 화나게 하는 사람에게 평화, 행복, 자유, 안전의 축복을 보내는 것이다. 이를 통해 다른 사람과의 연민과 조화를 발달시킬 수 있다. 매일 **자비를 실천한다**(making metta)는 개념은 선을 증진하려는 목표를 향해 지역사회와의 연결감을 강화하는 매일의 다짐과 일치한다. 칼슨(Carlson, 2015b)은 자비 또는 자애(loving-kindness) 명상을 '아들러 명상'이라고 부를 수 있다고 제안했다. 그 개념들이 매우 유사하기 때문이다.

열등감 보상과 우월성

아들러는 인간의 중심적인 방향성이 역량 또는 자기 숙달을 지향하고 있으므로 사람들은 우월성을 추구한다고 이론화했다(Watts, 2012). 이는 한 개인이 다른 사람보다 더 나은 사람이 되려고 애쓰는 것이 아니라, 자신이 지각한 열악한 위치에서 자신이 지각하는 더 긍정적인 위치로 자연스럽게 이동하려는 인간의 욕구가 있다는 것이다. 특히 이러한 추구는 "자신과 인류의 공동선"을 위한 것이다(Watts, 2012, p. 43). 사실 개인적인 이익만을 위한 이기적인 추구는 부적응으로 간주된다. 아들러(Ansbacher & Ansbacher, 1956)는 사람들이 종종 여러 가지 방법으로 약점, 신체적 열등감 또는 지각된 결함을 보상한다는 사실에 주목했다. 화가와 예술가는 종종 시각 문제를 겪는다. 전문 연사, 배우, 가수는 자주 말을 더듬거나 언어 장애가 있는 반면에, 음악가는 종종 청각 장애가 있다. 아들러는 인과론을 믿지 않았으며, 개인이 약점을 강점으로 전환하는 창의성을 가지고 있다고 주장했다. 그는 문제가 사람을 파괴하는 것이 아니라 단지 촉매 역할을 하면서 개인이 지각한 결함을 강점으로 바꾸도록 동기를 부여할 수 있는 잠재력을 가진다는 점에 주목했다. 이것은 역경에 대한 니체(Nietzsche, 1888)의 유명한 말과 유사하다. "우리를 죽이지 못한 것은 우리를 더욱 강하게 만들 뿐이다(what doesn't kill us makes us stronger)."

아무리 자신감 넘치는 사람이라도 열등감을 느낄 때가 있다. 사실, 무의미하고 힘이 없다고 느끼는 것은 정상적이고 보편적이다(Watts, 2012). 열등감은 모든 사람에게 나타나며, 주관적이며 평가적인 감정으로, 반대되는 증거가 있음에도 불구하고 일반화되는 경향이 있다. 예를 들면, 심리치료 이론을 공부하는 학생이라면 상담자로서 이해력과 기술을 증진시키는 데 열등감을 느낄 가능성이 높다. 내담자 자체만으로도 당황스럽고, 어떻게 조력할 수 있을지 확신이 들지 않는 경우도 많다. 하지만 좋은 소식은 열등감이 촉매제 역할을 하여 자신의 목표를 달성하기 위해 더 열심히 노력하도록 동기를 부여할 수 있다. 즉, 더 훌륭하고 도움이 되는 상담자가 되기 위해 심리치료에 대해 더 많이 배우도록 동기를 부여할 수 있다는 것이다.

열등감 콤플렉스, 이른바 열등감이 심한 경우, 개인은 낙담하고 의기소침해지며 능동적으로 발달할 수 없다고 느낄 수 있다. 그들은 기본적으로 포기한다. 하지만 어떤 사람은 열등감을 느끼면, 그 열등감을 보상하고 우월성을 위해 노력하는 경우가 많다. 이것은 스포츠나 연예계에서 자주 볼 수 있는 현상이다. 예를 들면, 올림픽 육상 스타 윌마 루돌프(Wilma Rudolph)는 어렸을 때 소아마비를 앓아 세계에서 가장 빠른 여자가 되기는커녕 걷지도 못할 운명이었다. 올림픽 금메달리스트이자 메이저리그 야구 선수인 짐 애보트(Jim Abbott)는 한쪽 팔만 가지고 태어났다. 그는 이를 보상하여 뛰어난 투수가 되었다. 베서니 해밀턴(Bethany Hamilton)은 13세 때 상어에게 팔을 물렸지만 회복하여 프로 서퍼가 되었다.

목표와 소속감

아들러 이론의 핵심은 모든 행동은 목표 지향적(goal directed)이라는 것이다. 사람들은 행복과 만족을 가져다줄 것이라고 믿으면서 자신이 선언한 목표를 이루기 위해 끊임없이 노력한다. 모든 사람은 사회에서 자신의 위치를 찾기 위해 노력한다. 이 과정에서 자신에게 도움이 되지 않고 다른 사람을 방해하는 행동을 할 수도 있다. 하지만 모든 행동은 행동하는 사람에게 의미가 있다는 것을 기억하는 것이 중요하다. 목표에는 의식적·무의식적·단기적·장기적인 다양한 유형이 있지만, 아들러는 모든 사람의 궁극적인 목표는 의미와 소속감을 추구하는 것이라고 믿었다. 이상적으로, 목표는 사회적 관심을 향해 나아가는 수단이기도 하다. 예를 들면, 아들러 치료자는 아동이 네 가지 가능한 목표, 즉 (a) 관심 끌기(attention), (b) 힘겨루기(power), (c) 복수하기(revenge), (d) 부적절함(inadequacy) 중에서 한 가지를 위해 잘못된 행동을 한다고 믿는다. 물론 다른 요약과 마찬가지로 이 목록은 단순하다. 비록 동기는 훨씬 더 복잡하고 서로 얽혀 있는 경우가 많지만 말이다.

- **관심 끌기**를 목표로 하는 아동은 "사람들이 나를 주목할 때만 나는 중요해."라고 믿는다. 따라서 긍정적이든 부정적이든 타인의 관심을 끌기 위한 방식으로 행동할 것이다.
- **힘겨루기**를 목표로 하는 아동은 "나는 힘을 가지고 있고, 아무도 내 말에 토를 안 달 때만 중요해."라고 믿는다. 따라서 다투거나

반항하기처럼 다른 사람에게 도전하는 방식으로 행동할 것이다.

■ **복수하기**를 목표로 하는 아동은 상처를 받고, 이것을 동등하게 갚아 주기 위해 다시 상처를 돌려주려고 한다. 혼잣말로 생각하거나 다른 사람에게 "내가 나를 지킬 수 있는 유일한 방법은 내가 할 수 있는 모든 방법으로 너와 거리를 두고, 나를 괴롭히면 대가를 치른다는 것을 알게 하는 거야."라고 표현할 수 있다.

■ **부적절함**을 목표로 하는 아동은 자신이 무가치하다고 느끼며, 다른 사람이 자신을 무능한 사람으로 여기기를 원한다. 이런 사람은 "나는 별로 내세울 것이 없는 사람이야. 하지만 좋은 소식은 이렇게 해야 사람들이 나에게 많은 것을 기대하지 않고, 내가 얼마나 무능한지 알지 못하게 된다는 거야."라고 생각할 수 있다.

많은 전문가가 아동의 목표 지향적 동기를 이해하지 못하고 아동의 행동을 바꾸려는 헛된 노력을 하며 자신도 모르게 문제를 강화하게 된다. 상기시키고, 고함을 지르고, 달래고, 꾸짖는 것은 관심 끌기 목표가 달성되었기 때문에 단기적으로는 잘못된 행동을 멈추게 하는 경우가 자주 있다. 힘겨루기를 목표로 하는 아이와 다투게 되면, 멈추기를 바라는 행동을 실제로 부모가 보여 주는 셈이 되어 오히려 힘을 갖는 것이 좋다는 것을 지지하는 것처럼 보인다. 과도한 체벌로 상처를 입히는 것은 복수하기를 목표로 하는 아동에게 자신이 받은 상처를 되돌려줄 자격이 있다고 느끼게 만든다.

가족 구도와 출생 순위

아들러가 심리학에 공헌한 중요한 것 중 하나는 출생 순위가 성격 발달에 영향을 미친다는 것을 인식한 것이다(Eckstein & Kaufman, 2012; Stewart, 2012). 많은 이론가가 출생 순위의 중요성에 대해 논의했지만, 아들러는 독특하게도 출생 순위가 가족 구도 내에서 발생한다는 점을 인식했다. 그러므로 가족 체계를 이해하고 그것을 해석하는 방법은 출생 순위와 가족 역동을 이해하는 데 가장 중요했다(McKay, 2012). **가족 구도**(family constellation)는 가족 또는 가족 체계를 드러내기 위해 아들러가 만들고 드라이커스가 발달시킨 용어이다(Griffith & Powers, 2007). 이 용어는 천문학에서 각각 다른 천체와 관련하여 자신의 위치를 만들면서 움직이는 천체 무리를 가리키는 용어와 유사하다. 드라이커스(Dreikurs, 1973)는 이를 아동의 형성기 동안 가족 구성원 간의 소시오그램(sociogram)이라고 언급했다.

출생 순위가 사람의 발달 방식에 영향을 미치는 방식은 이제 당연한 것으로 받아들여지고 있지만, 아들러(Ansbacher & Ansbacher, 1956)는 형제자매 위치가 고려해야 할 중요한 변수라는 사실을 최초로 관찰하고 출생 순위의 개념을 자신의 연구에 통합했다. 첫째 아이는 더 어린 동생들과 비교해 보면, 분명히 심리적으로 똑같은 가족이나 부모에게서 자라지 않는다. 첫 아이가 태어났을 때 부모는 상대적으로 불안정하고 미숙하다. 그리고 적어도 잠시 동안 맏이는 가족의 유일한 자녀이다. 반면, 이후 동생이 태어났을 때 부모는 더 느슨해지고 지식이 풍부해지며, 당연히 동생은 외동으로서의 경험을 하지 않게 된다. 아들러 심리학자들은 임상 작업에 이 개념을 상당히 사용했다. 하지만 더 나아가기 전에 중요한 차이점을 짚고 넘어가야 할 필요가 있다. 슐만과 모삭(Schulman & Mosak, 1988)은 출생 순위를 두 가지로 정의했다. **서열적 위치**(ordinal position)는 형제자매의 실제 출생 순위를 의미하며, **심리적 위치**(psychological position)는 아동이 다른 사람과의 상호작용에서 채택하는 역할을 의미한다. 아들러 심리학자들은 심리적 위치에 관심이 있다. 서열적 위치는 맥락을 만들지만, 각 개인은 가족 내에서 자신의 위치를 다르게 해석한다. 개인은 어린 시절에 다른 사람과 관계하는 방식을 발달시키고, 이를 성인의 상호작용에까지 이어 간다. 아들러 학자들은 출생 순위의 가치를 무시한 연구들이 서열적 위치만을 사용하고 있다고 생각한다.

　아들러 심리학자들은 다섯 가지 심리적 출생 순위, 즉 외동, 맏이, 둘째, 중간 아이, 막내에 대해 논의한다. 다음에 나열된 특징은 출생 순위 연구에 관한 200여 편의 실증적 논문을 검토한 결과이다 (Eckstein et al., 2010).

■ **외동**은 형제자매와 세상을 전혀 공유하지 않는다. 그들은 부모를 모델로 삼아 성장한다. 때때로 형제자매와의 나이 차이가 현저한 경우(5세 이상), 그 아동은 막내라기보다는 외동처럼 여겨진다. 외동은 성취 욕구가 강하고, 자신의 방식대로 하는 데 익숙한 완벽주의자 경향이 있다. 이들은 목표를 과도하게 높게 설정하고, 사람들과 예의를 지킬 만큼의 거리두기를 선호하는 경향이 있다. 대학에 진학할 가능성이 크지만, 행동 문제가 있을 가능성도 있다.

- **맏이**는 첫 번째가 되는 것에 익숙하다. 그들은 독립적으로 일하는 것에 익숙하다. 책임을 맡게 되며, 그렇게 하는 것을 좋아한다. 맏이는 분석적이고, 세밀하며, 체계적이고, 통제력을 과대평가하는 경향이 있으며, 때때로 비현실적인 완벽을 기대하기도 한다. 이런 이유로 맏이는 옳은 일을 하려고 노력하는 경향이 있다. 맏이는 학업 성공률이 가장 높고, 동기가 높은 성취가이다. 맏이일수록 리더가 될 가능성이 크다. 이후에 자녀들이 태어나면, 부모는 어느 정도 안정된 상태이다. 그 결과 둘째, 중간, 막내 아이는 맏이와는 다른 방식으로 성장하게 된다.

- **둘째**는 한 명이 올라가면 다른 한 명이 내려가는 시소 게임을 맏이와 함께 한다. 첫째가 수학을 잘하면 둘째는 일반적으로 수학을 무시하면서, 첫째가 무시하는 영역(예: 스포츠)에 초점을 맞춘다. 학업에서 드러난 것처럼, 이런 현상은 성격 특질에서도 나타난다. 둘째는 반항적이고, 독립적이며, 질서를 싫어하는 경향이 있다. 맏이처럼 주도자(initiators)라기보다는 반응자(responders)이다.

- **중간 아이**는 외교관이다. 이들은 갈등을 싫어하지만, 모두를 위한 공정과 정의를 바라면서, 사람들을 기쁘게 하려고 한다. 이들은 종종 형제들에게 짓눌린다고 느끼며, 장남의 권리와 특권, 막내의 애정과 관심을 받지 못한다고 불평하기도 한다. 본질적으로 사교적이지만, 종종 부적합하다는 느낌을 많이 갖는다. 이들은 행동 문제가 가장 적고, 팀 경기에서 성공할 확률이 가장 높은 경향이 있다.

- **막내**는 종종 자극을 갈망하는 흥분 추구형이며, 다른 사람을 자

신의 편으로 만드는 데 능숙하다. 그들은 자신을 위해 뭔가가 다 차려지는 것에 익숙하며, 사람들의 정서를 잘 다룰 줄 안다. 또한 막내가 가족 중에서 가장 야망이 큰 경우가 많고, 뒤처졌다고 느끼기 때문에 더 이상 아이가 아니라는 것을 증명하기 위해 손위 형제자매를 '따라잡고' 싶어 한다. 이들은 사회적 관심이 가장 높고 공감력이 뛰어나지만, 동시에 가장 반항적이며 종종 임상 집단에서 예상보다 더 자주 발견되는 경향이 있다.

아들러 치료자는 출생 순위를 통해 개인에 관한 일반적인 추정을 어느 정도 할 수 있게 하지만, 가족 내에서 자신의 위치를 어떻게 보는가를 결정하는 것은 개인이다. 자신의 위치에 영향을 미치는 다른 요인은 다음과 같다(Manaster & Corsini, 1982; Shulman & Mosak, 1977).

- **나이 차이**: 적게 날수록 경쟁이 심하고, 많이 날수록 영향력이 줄어든다.
- **대가족**: 하나 이상의 '가족'을 가질 수 있다.
- **가족 외 경쟁자**: 재혼, 입양, 대가족으로 인해 가족이 더 복잡해진다.
- **성별 차이**: 모두 남아, 모두 여아, 한 명만 남아, 한 명만 여아인 경우 가족에게 서로 다른 영향을 미칠 수 있다. 성전환 형제자매가 있는 경우도 그렇다.
- **죽음과 생존**: 아이들은 형제자매의 죽음에 영향을 받는다.
- **특별한 형제자매**: 운동선수, 학자, 정신적 또는 신체적 장애가 있

는 등 특별한 한 자녀는 다른 모든 자녀에게 영향을 미친다.

- **가능한 역할**: 사회경제적 또는 문화적 전통에 따라 가능한 역할이 제한될 수 있다.
- **사회적 관점**: 피부색, 체형과 같은 외모와 전반적인 매력 수준은 어떤 사람에게는 유리하지만, 다른 일부에게는 한계가 된다.
- **부모의 편견**: 부모가 총애하는 아이가 있다.
- **모델로서의 부모**: 의도하든 의도하지 않든 부모는 자신의 성격과 선호에 따라 자녀를 지도한다.

가족 구도를 살펴볼 때 문화를 고려하는 것은 분명 중요하다. 가족에 대한 개념이 다양하고, 성별과 나이의 영향도 문화에 따라 다르므로(McGoldrick, Giordano, & Garcia-Preto, 2005), 아들러 상담자는 가족과 공동체에 대한 개념을 바탕으로 가족 구도를 정의하는 단계를 거친다. 예를 들면, 처음 두 자녀가 여아이고 다음 두 자녀가 남아인 경우, 모든 형제자매의 위치가 존재할 가능성이 있다. 그러나 장남과 장녀가 있을 수 있고, 마찬가지로 막내딸과 막내아들이 있을 수도 있다. 또한 효도 문제가 작용하여 출생 순위의 표현에 더 많은 영향을 미칠 수 있다. 조부모, 다른 성인 친척, 가상의 친척, 손위 형제자매와 양육 역할이 공유될 수 있으므로, 내담자가 자신의 가족 구도를 어떻게 정의하는지 살펴보는 것이 중요하다. 이는 혼합 가족, 재혼 가족, 선택 가족과 같은 현대 가족 유형을 이해하는 데 특히 중요하다.

변화 이론

아들러는 모든 사람에게 변화가 가능하며 바람직하다고 확고하게 믿었다. 따라서 아들러 치료는 각 내담자의 성장 가능성을 강조한다는 점에서 낙관적이다. 이러한 확신 있는 세계관은 일종의 자기충족적 예언을 만들어서 내담자에게 희망과 믿음을 전달한다. 아들러 상담자는 각 사람이 어느 시기에서든지 성장과 발달의 단계에 있다고 믿는다. 아들러 상담자는 생물학적 영향과 어린 시절 경험의 중요성을 강조하는 반면에, 아들러 모델은 "내담자에게 원인이 있다기보다, 의식적인 선택, 개연성, 가능성, 영향력을 갖는다는 개념인 '부드러운' 결정론적 접근법에 가깝다. 프로이트가 사실(facts)에 관심이 있었다면, 아들러는 사실에 대한 내담자의 신념(beliefs)에 관심이 있었다."(Sapp, 2006, p. 109). 이 개념은 내담자가 항상 되어 가는 과정(the process of becoming)에 있다는 것을 시사한다(Rogers, 1961).

아들러 상담자는 부적응에 대해 '의학적 모델'을 지향하지 않고, 대신 비병리학적 관점을 수용한다(Sperry, Carlson, Sauerheber, & Sperry, 2015). 내담자가 질병에 걸린 것처럼 아프거나, 정신이 병든 것으로 여기지 않으며, 진단으로 식별하거나, 꼬리표를 붙이지 않는다. 아들러 이론은 성격의 성장 모델에 기반을 두고 있으므로 내담자가 병이 든 것이 아니라 낙담한 것으로 바라본다. 단지 그들에게 삶에 대한 새로운 관점과 다른 기술이 필요하다고 생각한다. 따라서 아들러 치료에서 변화의 과정은 내담자를 **낫게 하는**(curing) 것이 아니라, 내담자를 **격려하고**(encouraging) **교육하는**(educating) 것이다. 앞서 언급한

것처럼, 격려는 변화 과정의 중요한 측면이자 성장과 발달의 핵심 측
면으로 여겨진다(Mosak & Maniacci, 1999). 변화를 일으키기 위해 아들
러 학파는 격려가 위협보다 더 효과적이라는 것을 알고 있다(Carlson
et al., 2006). 격려 기술에는 적극적인 경청과 공감을 통해 내담자에게
관심 나타내기, 진정한 존중과 확신으로 내담자와 소통하기, 내담자
의 강점, 자산, 자원에 초점 두기, 다른 사람들이 유사한 문제에 어떻
게 성공적으로 대처했는지 이야기하기, 부적응적인 신념에 대한 대안
을 만들도록 돕기, 내담자의 변화 능력에 대한 확신을 표현하고 변화
의 긍정적인 결과에 초점 두기, 내담자가 일상적인 경험에서 유머를
발견하도록 돕기, 지속적인 노력과 과정에 초점 맞추기 등이 포함된
다(Ansbacher & Ansbacher, 1956; Carlson & Slavik, 1997; Dinkmeyer &
Losoncy, 1980; Main & Boughner, 2011; Watts, 2000b; Wong, 2015). 교육
적 요소는 심리치료 회기 안팎에서 모두 이루어질 수 있다. 아들러
치료자는 독서, 비디오 시청, 지시된 행동 과제, 필수적인 생활 기술
을 배우고 발달시키는 방법을 포함하는 과제를 사용한다.

　아들러 상담자는 모든 내담자가 각기 다른 수준의 변화 준비도를
가지고 치료에 온다는 것을 알고 있다. 이들은 내담자가 치료에 임하
는 다양한 변화의 단계를 알고 있다. 즉, 프로차스카, 노크로스와 디
클레멘테(Prochaska, Norcross, & DiClemente, 2007)가 확인한 변화 단계
(사전 숙고, 숙고, 결정, 행동, 유지, 종결)이다. 변화의 단계는 사람들이
변화하는 **때**를 나타내며, 아들러 상담자는 그 단계를 알아차리고 그
단계에 맞게 치료 개입 과정(사람들이 변화하는 **방식**)을 조정한다
(Norcross, Krebs, & Prochaska, 2011).

변화에 대한 준비가 되면, 다음 질문이 생긴다. 무엇을 바꾸어야
할까? 상담은 내담자가 문제를 만드는 데 기여한 자신의 역할 또는
부분이 무엇인지, 그리고 자신의 행동에 대해 어떻게 책임질 수 있는
지를 이해하도록 구조화되어 있다. 또한 자신의 문제가 잘못된 생각
및 학습과 관련되어 있지만, 궁극적으로 내담자가 변화를 일으키는
책임이 있다는 것을 이해하도록 구조화된다(Mosak, 2005). **잘못된 목
표**가 드러나면, 내담자는 활력과 용기를 가지고 더 적절한 목표를 추
구하도록 선택할 수 있다(Carlson et al., 2006). 잘못된 목표는 사회적
관심에 반하는 목표처럼 다른 사람에게 해가 되는 목표를 포함한다.

치료의 변화 과정은 긍정적인 치료자−내담자 관계를 형성하는 것
에서 시작된다. 좋은 치료적 관계란 "동등한 사람 간의 우호적인 관
계"이다(Mosak, 2005, p. 69). 아들러는 변화가 일어나기 위해서는 내
담자와 치료자가 협력하여 현재 **치료 동맹**(treatment alliancen; Wampold,
2010)이라고 불리는 것을 만들어야 한다고 믿었다. 아들러 상담자는
이러한 동맹의 필수 요소로서 목표 조정(alignment)의 중요성을 이해
한다. 드라이커스(Dreikurs, 1973)는 내담자와 치료자가 동일한 목표를
위해 노력하기로 상호 동의할 때 관계가 단단해진다고 느꼈다. 동등
함을 강조하기 위해, 아들러는 치료자가 소파 뒤에서 나와 내담자와
직접 대면한 최초의 치료자였다.

아들러 치료 방법은 변화가 어떻게 일어나는지에 대해 변화 과정
을 다음과 같은 가정으로 세분화한다(Carlson et al., 2006).

■ 내담자는 치료를 통해 잘못된 목표에 대해 배울 수 있다. 이런

목표를 알아차리게 되면, 내담자는 변화할지 또는 변화하지 않을지 결정할 수 있다. 이러한 결정 과정 내내, 치료자와 내담자의 관계는 상호 존중의 관계이어야만 한다.

- 잘못된 목표를 알게 되면, 내담자는 동기의 패턴을 인식하고, 결과적으로 통찰을 얻게 될 수 있다. 이 과정 동안, 격려는 내담자의 행동 변화를 돕는다.

- 아들러 상담자는 또한 사람들이 논리와 통찰력만으로 변화되는 것이 아니라, 자신이 앞으로 얻을 수 있는 이익이나 피할 수 있는 고통에 의해 정서적으로 움직여야 한다는 것을 깨닫는다.

- 새로운 행동은 이전보다 새로운 상황에서 더 잘 작동할 수 있으므로 내담자는 오래된 사적 논리를 새로운 상식으로 대체할 수 있다.

- 새로운 상식이 발달하면, 내담자에게 사회적 관심이 좀 더 나타날 수 있다. 사회적 관심이 높아지면 소속감도 높아지는 경우가 많다.

- 소속감을 느끼는 것은 타인과 동등하다고 느끼는 것을 의미할 수 있으며, 이는 더욱 격려받는 효과가 있다. 이러한 관계가 발전함에 따라 내담자는 세상에 대한 자신의 위치에 대해 더욱 자신감을 느낄 수 있다.

- 내담자는 상황에 대해 더 좋게 느끼기 때문에 실수에 대해 덜 염려하게 되어, 더 많은 위험을 감수할 수 있다. 내담자는 불완전할 용기를 갖게 된다.

따라서 아들러 치료에서, 변화는 시간이 지남에 따라 발전하는 과정이다. 격려는 희망, 기대감, 행동할 용기로 내담자를 채워 준다. 이 과정에서 내담자는 새로운 통찰을 얻고 새로운 행동을 하게 된다. 변화는 반드시 뒤따른다. 4장에서는 이러한 과정과 아들러 심리치료의 실제에 초점을 두고 있다.

| 제4장 |

치료 과정

원칙을 지키며 사는 것보다 원칙을 위해 싸우는 것이 항상 더 쉽다.

— 알프레트 아들러

앞 장에서는 사람들을 돕기 위한 아들러 접근법의 일련의 핵심 개념들을 소개했다. 이 장에서는 아들러 심리치료 실제에서 이러한 개념과 아이디어를 어떻게 적용하는지 설명하고자 한다. 치료적 단계와 전략이 강조된 실제 사례를 통해 아들러 치료자가 치료 단계를 구성하는 반구조화된 방식을 보여 줄 것이다. 아들러 이론의 실제를 잘 보여 주는 두 번째 사례를 제시하기 전에 치료자—내담자 관계 및 역할, 다양한 아들러의 심리치료 기법 및 전략을 살펴볼 것이다.

치료 과정을 살펴보기 전에 아들러 치료에 대한 주의 사항이 필요하다. **전통적** 또는 **고전적** 아들러 심리치료는 아마도 정신분석과 가장 유사한 장기 치료일 것이다. 헨리 스타인(Henry Stein, 2013)은 이 접근법을 가장 지지하는 사람 중 한 명이며, 이것은 여러 유럽 국가에서 여전히 실행되는 아들러 심리치료의 한 형태이기도 하다. 이 책은 고전적 아들러 심리치료에는 특별한 관심이 없다. 대신에 아들러 심리치료 이론과 기법을 결합하여 내담자의 필요에 따라 단기적 또는 장기적으로 진행되는 현대적인 개인, 커플, 가족 치료를 설명하는 데 중점을 두고 있다. 아들러는 심리치료가 필요하지 않으려면 개인과 지역사회가 일차 예방 전략(Ansbacher, 1992b)을 세우는 것이 더 많은 이익이 있을 수 있다고 언급하면서, 개입(또는 치료) 전에 대중을 대상으로 한 훈련/교육을 지지했다. 따라서 사람들이 아들러 치료라고 생각하는 것의 상당한 부분은 실제로 건강한 삶을 사는 방식에 대한 아들러 심리치료의 개념과 원리를 가르치는 방법인 것 같다. 생활양식 분석과 공개 포럼(open-forum) 가족 상담처럼 아들러가 사용한 도구는 이러한 목적에 효과적이지만, 이 책에서 구체적으로 언급하지는 않는다.

'현대적인' 아들러 모델이 실행되고 있기는 하지만, 완전하게 최신 아들러 심리치료 또는 대화 치료에 대해 구체적으로 기록된 책은 거의 없다. 놀랍게도 아들러 심리치료는 가장 오래되었거나 독창적인 치료개입 중 하나지만, 가장 연구되지 않은 치료법이기도 하다. 아들러 심리치료의 '단기' 버전(Carlson, Watts, & Maniacci, 2006; Nicoll, Bitter, Christensen, & Hawes, 2000; Slavik, Sperry, & Carlson, 2000; Sperry, 1989; Wood, 2003)은 수십 년 동안 쓰였지만, 현대적인 모델(장기 분석과 단기 치료 사이)은 이 책 이전에 자세히 설명되거나 소개되지 않았다.

치료자-내담자 관계의 역할

3장에서의 논의를 통해 아들러 접근법을 사용하는 치료자가 어떻게 행동하고 어떤 역할을 하는지 쉽게 추론할 수 있을 것이다. 그러나 때때로 단순함은 기만적일 수 있으므로, 정확하게 어떤 모습인지 살펴보도록 하자. 아들러 심리치료의 치료적 관계를 표현하는 많은 형용사에는 협력적인, 협동적인, 동등한, 낙관적인, 존중하는 등이 있다 (Bazzano, 2008; Watts, 1998, 2000b). 무엇보다도 치료자는 내담자의 강점, 능력, 자산을 강조한 성장 지향적 동맹을 구축하고자 한다(Watts, 2000b).

효과적인 아들러 치료자는 내담자에게 사회적 관심을 전달할 수 있는 사람이다. 그런 의미에서 치료자는 돌봄과 공감의 모델이 되려고 노력한다(Kottler, Englar-Carlson, & Carlson, 2013). 와츠(Watts, 1998)는 치료자의 사회적 관심에 대한 아들러의 의미가 인간 중심 치료의 핵심 변화 조건(예: 공감, 무조건적 긍정적 존중, 일치)에 대한 로저스의 설명과 매우 유사해 보인다고 했다. 아들러(Adler, 1927b)는 내담자와의 공감이 치료적 성공에서 매우 중요하다고 생각했으며, "치료자가 상대방의 입장에 서는 재능을 어느 정도 가지고 있는 것이 필수적이다."(p. 25)라고 말했다. "치료자는 특정 개인에게 어떤 상황이 너무 힘들어 보인다는 것을 이해하기 위해 그 사람의 입장에 서야 한다."(Adler, 1935, p. 9). 치료자는 내담자에게 공감과 돌봄의 모델이 될 필요가 있다. 격려는 사회적 관심의 치료적 모델링이다(Carlson et al., 2006). 아들러 학자들이 사회적 관심을 강조하기 때문에, 사회적 관심이 스며들어 치료 관계의 핵심 측면이 되는 게 분명하다.

3장에서 언급한 것처럼, 아들러 치료자는 격려를 치료적 도구로 사용하며, 이는 내담자와의 모든 상호작용에 스며든다. 특히 치료적 동맹 형성을 위한 초기 단계에서 내담자를 지지하는 데 격려가 중요하다(Carlson et al., 2006). 많은 내담자가 낙담한 상태로 심리치료를 시작하기 때문에, 격려를 통해 내담자가 치료를 받기로 한 결정과 긍정적인 결과에 대한 기대감을 형성하는 것이 중요하다. 치료에 대한 긍정적인 기대감(또는 희망)은 전반적인 치료 성과를 향상시킬 수 있기 때문에(Constantino, Arnkoff, Glass, Ametrano, & Smith, 2011), 아들러 치료는 내담자가 갖는 성과 기대에 부응하는 데 민감하다. 전반적으로 드라이커스(Dreikurs, 1967)는 치료적 성공 자체가 치료자의 격려하는 능력에 상당히 좌우되며, 치료적 실패는 내담자를 격려하지 못한 것과 연관되어 있다고 생각했다. 치료적 관계를 발전시킬 때, 치료자는 적극적인 경청, 공감 전달하기, 내담자에 대한 존중 보이기, 내담자가 변화할 수 있다는 내담자의 능력에 대한 확신 나타내기, 희망을 불러일으키는 진술 사용하기, 내담자의 자산과 강점에 초점 두기, 유머를 사용하여 삶의 경험을 바라보는 관점 제시, 과정과 노력에 초점 두기, 낙담한 신념을 대체하기 위한 대안적인 긍정적 신념을 개발하기 위해 내담자와 협력하기 등을 통해 내담자에 대한 관심을 나타냄으로써 격려한다(Carlson et al., 2006). 또한 치료자는 지속적으로 내담자의 성과 기대를 확인하고 그에 따라 격려함으로써 내담자의 변화 단계에 맞춰 나간다.

전반적으로 치료자는 치료의 긍정적인 참여자이며, 희망과 기대를 유지하도록 돕는 사람이다. 치료자는 내담자를 치료의 공동 참여자이자 동료 작업자로서 적극적으로 참여시켜 성공적인 결과가 내담자의 작업 및 노력과 연관될 수 있도록 한다(Overholser, 2010). 이러한 내담자 임파워먼트(empowerment)는 내담자 자신의 강점에 대한 역량 강화를 중시하는 다문화 치료 접근법과 일치한다(Hays, 2009). 이미 아들러 치료자가 대인관계에서 격려를 전달할 수 있는 어느 정도 선별된 개인들이라는 점은 분명하다. 아들러(Adler, 1927c)는 치료자가 되려면 "낙관주의와 인내심, 그리고 무엇보다도 모든 개인적 허영심을 배제하는 것"(p. 11)이 필요하다고 생각했다. 치료자가 내담자를 믿기 때문에 내담자는 자신을 믿는 방법을 배울 수 있다. 치료자의 핵심 임무는 내담자에게 불완전할 용기를 갖는 방법을 보여 주는 것이므로 치료자는 개인적으로도 겸손하다.

아들러 치료는 4단계로 진행되며, 각 단계는 이전 단계를 기반으로 한다. 아들러 치료는 관계적 맥락에서 이루어지기 때문에 첫 번째이자 가장 중요한 단계는 **관계**라는 제목이 붙는다(Carlson et al., 2006; Watts, 2000b). 후속 단계의 성공은 좋은 치료적 관계를 더 깊게 발전시키고 지속하는 데 달려 있다. 이 관계에서 치료자는 내담자가 잘못된 신념, 잘못된 가치, 비효과적인 행동을 탐색할 수 있는 안전한 환경을 조성한다. 후속 단계(사정, 통찰 및 해석, 재정향) 모두에서는 치료자가 치료 과정에 적극적으로 참여해야 한다. 여러 면에서 활동 수준, 지속적인 격려, 심리 교육적 요소로 인해 치료자는 누군가가 새로운 생애 기술을 개발하도록 돕는 코치와 매우 유사하게 행동한다.

아들러 치료에서 약간 다를 수 있는 한 가지 측면은 심리 교육적 요소로 인해 때때로 관계가 교사-학생의 느낌일 수 있다는 것이다.

이 역동은 **사정 단계**에서 나타나는데, 사정 단계에서 치료자는 내담자의 생활양식 사정에 관하여 교육하고 이러한 생활양식이 삶의 목표를 달성하는 데 얼마나 효과적인지 교육한다. 아들러 치료자는 대안적인 대처 방식에 대한 교육을 문제 해결의 한 수단으로 본다. 또한 그들은 내담자에게 조언할 수도 있지만, 동등한 관계에서 다른 사람의 어려움을 해결하도록 돕는다는 정신으로 할 것이다. 아들러 치료자는 내담자를 위해 목표가 무엇이어야 하는지, 변화하기 위해 무엇이 필요한지 결정하지 않는다. 이는 내담자가 자신의 목표를 설정하고 달성할 수 있도록 공동으로 결정한다. 그러나 일단 목표가 정해지면, 아들러 치료는 목표에 집중한다. 목표를 성취하기 위한 방법 일부는 치료자가 결정하지만, 목표 자체는 내담자의 몫이다. 또한 방법도 내담자의 문화적 배경에 맞게 조정된다. 해석과 목표 설정은 효과적인 다문화 치료, 특히 아시아계 미국인을 대상으로 한 치료(Smith et al., 2011; Sue & Zane, 1987)에 중요한데, 치료자가 경청하고, 공감하며, 효과적이고 신뢰할 수 있다는 인식과 같은 신뢰성을 주는 것이 중요하며, 또한 치료적 만남을 통해 내담자가 구체적인 기술을 익히게 하거나 쉽게 이해할 수 있는 통찰을 얻었다고 느끼게 하는 것이 중요하다(Hays, 2009; Smith, Rodríguez, & Bernal, 2011). 김과 호그(Kim & Hogge, 2013)는 이 과정을 한국인의 분노 증후군인 **화병**(hwa-byung) 진단을 받은 한 한국 여성을 통해 설명했다. 아들러의 개념과 원리(예: 가족 구도, 문화적 맥락에서의 생활양식 사정, 열등감, 잘못된 신념, 외생적 요인, 생애 과제)는 문화적 맥락에서 이 문제를 사례개념화하고 치료하는 데 효과적이었다.

기법이 강조된 사례

아들러 심리학의 과정에 대한 더 많은 통찰을 위해 세부적인 사례를 제시하고자 한다. 이 사례에서는 내담자의 사례개념화와 아들러학파가 개입할 수 있는 다양한 방법을 살펴본다. 다음은 내담자에 대한 소개이다. 이 장 전체에서는 사례의 예시와 대화를 이용하여 다양한 치료적 개입을 부각시키려 한다.

안토니오 곤잘레스(Antonio Gonzales)는 아내 로사(Rosa)의 요청으로 상담을 받으러 왔다. 30대 초반의 멕시코계 3세대 라틴계 남성인 안토니오는 몇 달 동안 큰 불행감을 느꼈다. 그는 자신의 원가족, 생활양식, 행복 수준에 대한 배경 정보를 제공하는 여러 가지 사정 도구를 기꺼이 작성했다. 자기 보고에 의하면, 안토니오는 '역기능적' 가정에서 자라났다. 그의 부모는 이혼한 적은 없지만, 함께 살지도 자녀를 키우지도 않았다. 안토니오는 할아버지 손에 자랐고, 쌍둥이 동생은 할머니가 키웠다. 조부모는 같은 도시에 살았지만, 집이 따로 있었기 때문에 형제들은 서로 다른 학교에 다니며 자랐고 거의 만나지 못했다.

안토니오가 살던 노동 계층의 도심 지역은 '성장하기에 쉽지 않은 곳'이었다. 그는 가까스로 법적인 문제를 피할 수는 있었지만 싸움, 기물 파손, 사소한 범죄에 자주 연루되었다. 안토니오의 할아버지는 어린 시절부터 안토니오가 학교에 다니고 고등학교를 졸업할 수 있는 든든한 버팀목이 되어 주었다. 안토니오는 운이 좋았다고 할 수는 없지만, 평균 성적에도 불구하고 작은 사립대학에 합격하여 장학 지원을 받을 수 있었다. 교수와 동료들에게 좋은 평가를 받았던 평범한 학생인 안토니오는 4년 만에 회계학 학위를 받고 졸업할 수 있었다. 그는 회계학을 전공하면 안정적인 직업을 가질 수 있다고 생각했지만, 실제로는 사회복지 분야에서 경력을 쌓는 것을 더 선호했다. 안토니오는 할아버지가 자신을 위해 해 주신 모든 일에 감사했다. 할아버지는 안토니오의 모든 필요를 충족시키기 위해 열심히 일했다. 할아버지와 안토니오는 지역 교구 가톨릭 성당에 다녔으며, 동네 사교 모임에도 참여했다. 할아버지는 5년 전 안토니오와 로사가 결혼한 직후에 돌아가셨다. 안토니오에게 할아버지의 죽음은 큰 상실이었고, 그는 더 이상 가족이 없는 것처럼 느껴졌다. 그는 자신을 버린 할머니와 부모를 원망했고, 당시에는 할머니와 부모, 그리고 동생과도 아무런 관계가 없었다.

안토니오의 아내 로사는 라틴계로 같은 멕시코 출신이며, 가족들과 매우 가까운 사이이다. 그녀의 가족은 멀리 떨어져 살기 때문에 일 년에 한두 번밖에 만나지 못하지만 매일 전화 통화를 한다. 로사에게는 현재 대학생인 여동생이 한 명 있으며, 그 여동생도 가족들과 친밀하다. 안토니오는 로사의 가족을 좋아하지만 그들과 가까워지는 데 어려움이 있다. 로사의 가족은 성공적이고 매우 종교적임에도 불구하고 안토니오는 그들이 약간 지루하고 따분하다고 생각한다. 로사의 가족은 안토니오를 환영하지만, 그는 자신보다 그들이 '더 나은' 사람들이라고 느끼며 로사가 자신과 결혼하기로 결정했다는 사실을 그들이 믿을 수 없다고 생각한다.

로사와 안토니오 둘 다 중서부 대도시 근처에 있는 대규모 국제 회계 법인에서 같이 근무한다. 두 사람 모두 이 회사에서 8년째 근무하고 있다. 로사는 회사의 '스타'로서 빠른 속도로 승진하고 있다. 안토니오의 경력은 그다지 성공적이지 못했고, 인종 차별로 인해 승진할 수 없다고 생각한다. 로사는 자신도 멕시코인이고, 인종으로 인한 제한을 받은 적이 없기 때문에 이것은 단지 변명일 뿐이라고 생각한다. 안토니오가 실제로 인종 차별을 겪고 있는지는 알 수 없었지만, 안토니오와 로사의 서로 다른 견해는 결혼 생활에 마찰을 일으키고 직장생활에 대해 이야기하는 데 영향을 미치고 있었다. 게다가 로사가 최근 승진하여 그녀의 연봉은 이제 안토니오의 두 배에 달하게 되었다. 이 부부에게는 회사 내 보육시설에 다니는 아들 호르헤(Jorge)가 있다. 호르헤는 행복한 두 살 아이이자 부모의 자랑이다. 두 사람은 더 많은 자녀를 가질 계획이며 안토니오가 직장을 그만두고 전업으로 자녀와 가족을 돌볼 가능성에 대해 이야기를 나눴다.

안토니오가 심리치료에서 호소한 것은 지난 몇 달 동안 분노와 우울을 느꼈고, 그의 표현을 빌리자면 '혼란스러웠다'라고 했다. 그는 자신의 직업과 자신이 받아 온 '열악한 대우'가 싫었다. 직장 일은 힘들었지만, 지역 가톨릭 본당에서 청소년 종교 수업을 하고 청소년들과 함께 일하는 것은 정말 좋아했다. 그는 호르헤와 함께 있는 것과 가르치는 것이 가장 기대되는 두 가지라고 말했다. 안토니오는 직장을 그만두고 학교로 돌아가 사회복지사가 되고 싶다고 말했다. 로사는 이 목표를 지지했고 안토니오에게 그렇게 하라고 말했지만, 그는 직업을 전환하기 위해 수반되는 일을 알아보거나 기꺼이 어떤 변화를 시도하고 조치를 취할 의지는 없는 것 같았다.

초기 사정의 일환으로 안토니오에게 몇몇 초기 회상을 이야기해 달라고 요청했다. 초기 회상은 목표와 중요성 추구를 명료화하는 데 도움이 되므로 생활양식을 사정하고 이해하는 가장 직접적인 방법으로 여겨진다(Clark, 2002). 안토니오는 다음과 같은 초기 회상을 보고했다.

- **초기 회상 1**: "제가 4세 때 집 근처로 아이스크림 트럭이 지나가던 것이 기억납니다. 아이스크림을 정말 먹고 싶었는데, 그냥 서서 바라보기만 했어요. 종소리가 울리고 트럭 옆에서 아이스크림을 먹고 있는 아이들의 모습이 기억납니다. 가장 생생한 부분은 트럭이 나를 지나갈 때 공허함을 느낀 것이에요."

- **초기 회상 2**: "제가 초등학교 1학년이었으니 6세쯤 됐어요. 선생님은 쉬는 시간 킥볼 게임의 주장이 될 아이들을 뽑고 계셨어요. 제가 제일 잘하는 선수였기 때문에 당연히 저를 주장으로 뽑을 것이라 확신했어요. 그런데 선생님은 저 대신 폴(Paul)과 퍼드(Ferd)를 선택하면서 저를 전혀 쳐다보지도 않으셨어요. 가장 생생한 기억은 제가 경기에 뛰지 못할 거라는 생각과 슬픈 마음이었는데, 실제로 경기는 뛰었던 것 같아요. 그냥 마음이 아팠어요."

- **초기 회상 3**: "6세쯤 됐고 놀이터에서 놀고 있었어요. 누군가 제게 공을 찼고, 그것을 잡았지요. 제가 공을 다시 걷어차자 한 꼬마가 제 앞으로 달려오다가, 공을 세게 맞아서 쓰러져 울기 시작했어요. 저는 미안하다고 말했지만, 아무도 제 말을 믿어 주지 않았어요. 가장 생생했던 부분은 제가 고의가 아니라고 설명하고

있을 때 다른 아이의 표정을 본 거예요. 상처받았고 외로움을 느꼈어요."

초기 회상을 사정하는 과정에서 내담자에게 초기 회상의 의미를 생각해 보고, 패턴에 대해 의견을 나누도록 요청한다. 이 과정은 내담자를 협력적인 상담 과정의 동반자로 참여시키면서, 라포를 형성하는 데 도움이 된다.

치료자　세 가지 기억에서 어떤 패턴이나 유사점이 보이나요?

안토니오　일이 잘 안 풀렸던 상황들인 것 같아요.

치료자　"무슨 일을 하더라도 내가 원하는 방식대로 일이 풀리지 않는다."라는 말일까요? 인생의 좋은 기회는 지나갔고, 당신은 최고 선수지만 선택되지 못했고, 아무도 당신의 말을 믿어 주지 않아요.

안토니오　(눈시울이 붉어진다.) 아무 일도 안 되는 것 같아요.

치료자　혼란스럽군요. 당신에게는 아름답고 성공한 아내가 있다고 생각했어요. 건강하고 잘생긴 아들도 있고요. 괜찮은 직업도 있고요. 처가 식구들도 당신을 좋아해요.

안토니오　하지만 그런 건 중요하지 않아요. 왜 저는 직장에서 성공할 수 없을까요? 왜 친구가 더 많지 않을까요? 왜 제가 좋아하는 일을 할 수 없는 걸까요? 저는 가족도 없어요.

치료자　많은 중요한 일이 잘되고 있지만, 여전히 해결해야 할 큰 상처와 공허함이 있어서 화가 나고 성취감을 느끼지 못하고 있네요.

안토니오　어디서부터 시작하면 좋을까요? 맞는 말씀이에요. 제 삶에는 좋은 일이 너무 많지만, 여전히 행복하지 않아요.

안토니오는 행복을 증진할 수 있는 삶의 변화를 이루기 위한 격려가 필요했다. 안토니오는 치료를 받는 것이 행복해 보였고 자신의 삶이 더 나아지길 바랐지만, 자신의 삶과 행동 방식에 갇혀 있었다. 그는 완전히 실패한 것처럼 느껴졌지만, 삶을 되돌아보니 일부분만 실패한 것으로 나타났고, 이는 다시 그에게 반영되었다. 치료자는 긍정적 공감(Conoley, Pontrelli, Oromendia, Carmen Bello, & Nagata, 2015)을 사용하여 더 큰 만족스러운 새로운 직업과 삶의 방향에 대한 열망을 이끌어 내었다. 치료자의 이러한 긍정적인 반응은 안토니오가 자신을 부정적인 관점으로 바라보던 사람들과는 다른, 어쩌면 치료자가 자신의 할아버지와 더 닮은 사람이라는 사실을 깨닫는 데 도움이 되었다. 할아버지는 안토니오의 성장 과정과 상황에서 항상 지지해 주셨고, 치료자도 비슷했다. 치료자는 이러한 재구조화를 통해 안토니오가 다른 관점으로 자신의 문제를 바라볼 수 있기를 원했다. 즉, 이런 감정이 생기면 그는 마음을 닫고 기회를 그냥 지나쳐 버린다는 것이다. 그는 직장에서 이런 일이 일어나고 있다는 것을 깨달았다. 자신이 바라는 대로 일이 되지 않을 때, 그는 '무례한 태도로 사무실에 있는 모든 사람을 화나게 만들곤' 했다.

안토니오와의 초기 회기에서는 분노 관리, 알아차림을 위한 마음챙김 명상 기술, 자기 진정, 자기 자비를 가르치는 데 전념했다. 안토니오의 분노와 그의 과거 또는 멕시코계 미국인 남성으로서의 정체성과 어떤 관련이 있는지를 이야기했다. 안토니오는 자신의 청소년기가 힘들었으며, 친구들 사이에서 여러 면으로 **마초주의**(machismo)의 전형적인 공격성과 남성 우월주의를 겉으로 드러냈다고 회상했다(Arciniega, Anderson, Tovar-Blank, & Tracey, 2008). 동시에, 안토니오는 할아버지에 대해 다정하게 이야기하며 할아버지가 그에게 보여 준 또 다른 모습, 즉 존엄성, 명예, 존중, 가족에 대한 책임, 부양자로서의 아버지의 역할 등 마초주의의 긍정적인 측면인 **기사도**(caballerismo; Glass, & Owen, 2010)에 대해 이야기했다(Arciniega et al., 2008; Falicov, 2010). 안토니오는 약간의 감정이 섞인 눈빛으로 직장에서의 분노는 마초주의가 솟아오르는 것이며, 자신의 그런 부분이 싫지만 아들 호르헤를 위해 더 남자답고 할아버지와 같은 아버지가 되고 싶다고 말했다. 치료자는 아마도 직장에서의 분노가 좋은 곳에서 나오는 것일 수 있다고 제안했다. 즉, 안토니오에게 일과 자신에 대한 존엄성, 명예, 존중을 제공하는 직장에서 일하는, 더 나은 부양자가 되고자 하는 욕구에서 비롯된 것일 수도 있다고 제안했다. 안토니오는 더 긍정적이고 친사회적인 관점에서 자신을 이해하는 데 도움이 되었기 때문에 **기사**(caballero)가 되기 위해 노력하고 있다는 생각이 마음에 들었다. 안토니오는 "무언가를 하고 싶다."라는 욕구를 표현했고, 치료자는 몇 가지 구체적인 기술을 제시했다.

안토니오　저는 항상 긴장을 많이 해요. 갑자기 곧바로 화가 나요. 아내는 제가 '냉정'하고 차분해지는 법을 배워야 한다고 말해요. 특히 직장에서요.

치료자　지금까지 화를 가라앉히기 위해 어떤 노력을 하셨나요?

안토니오 반응하지 않으려고 노력했는데 전혀 도움이 되지 않았어요.
요가 수업을 들을까 생각했는데, 시간이 없어요.

치료자 많은 사람이 마음 챙김 명상이 불안과 분노를 줄이는 데 도움
이 될 수 있다는 것을 발견했어요. 이것은 뇌의 전두엽과 관
련이 있습니다. 관심이 있으신가요?

안토니오 의사가 권하는 약을 먹는 것보다는 더 나을 것 같아요.

치료자 하루에 10분이나 15분 시간을 낼 수 있으세요?

안토니오 물론이죠. 아침에 일어나면 아내가 보통 호르헤를 돌보니
까요.

치료자 의자에 등을 반듯하게 펴고 앉을 수 있는 조용한 장소를 찾으
세요. 호흡에 집중하기 시작합니다. 천천히 숨을 깊게 들이마
십니다. 숨을 마시면서 "나는"이라고 말하고, 숨을 내쉬면서
"평온하다."라고 말합니다. 소리 내지 않고, 마음속으로 말하
세요. 마음에 다른 생각이 떠올라 떠돌아다니는 것을 알게 되
면 그냥 놓아주고 "나는…… 평온하다."로 돌아옵니다.

이것은 안토니오를 위한 명상의 시작이었으며, 다른 개입은 다음
과 같다.

치료 단계

아들러 치료는 매우 논리적으로 보이는 일련의 점진적인 단계를
따라 진행된다. 실제에서는 반드시 고정된 순차적인 방식으로 단계가
진행되지는 않으며, 치료가 진행되면서 여러 번 중단되었다가 다시

시작되는 유동적인 과정이다. 아들러 치료의 4단계는 다음과 같다.

1단계: 관계 형성

모든 치료적 만남의 첫 번째 단계는 **협력적**(collaborative) 관계를 구축하는 것이다. 이는 민주적 원칙과 본질적인 평등에 기반한 공감적이고 지지적인 관계이다. 아들러 치료자는 이 단계에서 다른 전문가들이 선호하는 모든 표준화된 기술을 사용하며, 적절한 시기에 질문하고 감정과 내용을 반영하면서 견고한 동맹을 구축한다. 공감과 지지는 신뢰감을 형성하는 데 사용되며, 이를 **치료 동맹**(treatment alliance)이라고 한다. 아들러 학파는 치료자와 내담자가 협력하고 치료 목표에 상호 동의할 때, 이 동맹이 형성된다고 믿는다. 이것이 먼저 이뤄지지 않으면, 이후의 치료적 노력은 성공적이지 못할 가능성이 높다.

2단계: 사정

다음 단계에서 치료자는 내담자의 기능(functioning)에 대해 종합적인 사정을 한다. 아들러 심리치료에서 생활양식과 그 이면의 목표를 사정하는 것은 매우 중요하다(Peluso, 2012). 이는 생활양식 척도, 초기 회상 검토, 임상적인 면담의 조합을 통해 이루어진다. 치료자는 내담자가 가족, 학교, 직장, 친구, 결혼(헌신적인 관계)이라는 사회적 세계에 소속하기 위해 어떻게 노력하고 있는지에 대한 정보를 수집한다. 기본적인 신념은 가족 구도 정보와 내담자의 초기 회상을 통해 종종 드러난다. 그들의 신념은 개인의 현재 확신, 태도, 우선순위를 통해서도 반영될 수 있다.

부록에는 아들러 치료자가 깊이 탐색할 영역을 강조하기 위해 **생활 양식 사정**이 포함되어 있다. 이와 같은 구조화된 양식은 아들러 학파를 포함하여 모든 학파와 배경에 걸쳐 많은 치료자가 사용한다. 이 사정에서는 가족 배경, 신념 체계, 문화적 유산, 교육 수준, 개인적인 목표 및 인간성의 다른 측면을 포함하여 철저한 역사를 탐색한다. 예상대로 초기 회상도 수집한다. 치료자는 내담자에게 "초기 회상에 대해 듣고 싶습니다. 기억할 수 있는 한 가장 어렸을 때, 즉 8세 미만이었던 때를 한번 떠올려 보고, 있었던 일을 말씀해 주세요. 다른 사람에게 들은 이야기가 아니라 자신이 분명하게 기억하는 일을 떠올려 보세요."라고 말한다. 초기 회상을 수집하는 데에는 세 가지 지침이 있다. 첫째, 초기 회상 또는 기억은 이야기가 있는 한 번의 일회성 사건이어야 한다. 둘째, 시각화되어야 한다. 셋째, (a) 기억에서 가장 생생한 부분과 (b) 기억하는 동안 내담자가 느꼈던 감정의 두 부분이 명확하게 표현되어야 한다. 일반적으로 8~10개의 초기 회상이 수집되지만, 3개 정도만 있어도 패턴이 명확해지는 경우가 많다.

사정 단계에서 묻는 다른 질문은 다음과 같다.

- **가족 구도:** "당신의 성장 과정은 어땠나요?" "당신은 가족 내에서 어떤 역할을 했나요?"
- **사회적 관계:** "당신은 누구와 가장 가까운가요?" "친구 관계에서 가장 만족스러운 점은 무엇인가요?"

- **직장 생활**: "직업에 대해 어떻게 생각하시나요?"
- **성**: "파트너와의 성관계에서 가장 만족스러운 점과 가장 만족스럽지 못한 점은 무엇인가요?"
- **자기감**(sense of self): "당신이 누구인지, 그리고 당신이 성장해 온 방식에 대해 어떻게 생각하시나요?"
- **정체성**: "당신이 누구인지 진정으로 이해하려면 제가 알아야 할 세 사람은 누구인가요?"

이러한 특정한 아들러 심리학 기반 질문 외에도 내담자는 관계 탐색 단계에서 다른 질문을 받게 된다.

- "어떤 도움이 필요한가요?"
- "치료를 통해 어떤 효과를 기대하거나 바라고 있나요?"
- "회기가 끝나고 나면 어떤 점이 변화하길 바라나요?"
- "고민을 해결하기 위해 당신은 지금까지 어떤 노력을 했나요?
- "이 어려운 시기에 어떤 지원을 받을 수 있나요?"
- "기분이 더 나아지기 위해 **당신이** 개인적으로 바꾸어야 할 것은 무엇인가요?
- "당신이 우리 관계에 가져다주는 강점과 자산은 무엇인가요?"

이것은 아들러 치료자가 새로운 내담자와의 회기에서 사용할 수 있는 일련의 질문이다. 이는 소크라테스식 질문으로 볼 수 있는데, 그 목적이 내담자를 대화에 참여시켜 내담자의 관심사와 관련하여 자신의 생각을 뒷받침하는 가정과 증거를 밝히는 데 도움이 되기 때문이다(Carey & Mullan, 2004). 질문을 주의 깊게 사용하면 치료자는 내담자의 반복적이거나 고립된 사고와 기본적인 오류에 도전하는 동시에 가장 비논리적으로 보이는 생각에 대해서도 내담자의 내적 논리를 존중하는 개방적인 입장을 유지할 수 있다(Stein, 1991). 이는 치료자가 배경 정보를 효율적이고 신속하게 수집하고, 예비 기대치를 사정하고, 내담자가 이미 수행했거나 시도한 것을 파악하는 데 도움이 된다.

사정 단계에서는 사회적 · 문화적 맥락에 있는 개인에 초점을 맞춘다(Debb & Blitz, 2010). 아들러 치료자는 내담자가 자신의 사회적 환경 내에서 자신을 정의할 수 있도록 도우며, 내담자를 기존 모델에 맞추려고 하지 않는다. 아들러 치료자는 치료에서 드러나는 나이, 인종, 민족, 생활양식, 성별과 같은 두드러진 문화적 정체성 측면을 탐색한 다음, 내담자의 문화적 정체성과 세계관에 대한 개별적인 의미에 주의를 기울인다(Sperry, 2015). 그들은 개인의 고유한 문화적 세계를 주관적으로 이해하는 것의 가치를 강조한다. 소수 인종 또는 소수 민족 내담자의 경우, 치료자는 내담자의 개별성을 미시적인 관점에서 깊이 이해하면서도 그들의 민족성이 지닌 넓은 맥락을 거시적인 관점을 통해 함께 고려할 수 있다. 이는 내담자의 생활양식 내에서 문화적응과 인종 정체성을 사정하는 기회가 된다. 또한 치료자와 내담자가 '긍정적' 또는 '강점'으로 간주하는 것에 대해 문화적으로 내재된 이해를 하는 데 도움이 된다(Pedrotti, 2011; Pedrotti, Edwards, & Lopez, 2009).

3단계: 통찰과 해석

세 번째 단계에서 아들러 치료자는 내담자의 통찰을 증진하기 위해 사정 결과를 해석한다. 치료자는 "삶은 불공평한 것 같고 이 상황을 바꾸기 위해 아무것도 할 수 없다고 생각하는 것 같습니다."와 같은 말을 할 수도 있다. 물론 이것은 단순히 감정과 내용을 반영하는 것이 아니라, 내담자가 이러한 신념의 타당성을 검토해야 한다는 점에서 일종의 해석이나 직면이다. 세상이 가끔 불공평해 **보일지라도,** 사람이 정말로 완전히 무력하다는 것이 정확한 사실인가? 치료자는 사정과 해석에서 적극적인 역할을 하며, 내담자와 협력하여 결과가 내담자의 생활양식과 삶의 목표를 추구하는 방법을 이해하는 데 어떻게 도움이 되는지 확인한다. 아들러 치료자는 생활양식의 기본적인 오류에 특히 주의를 기울일 것이며, 이러한 오류가 내담자의 호소 문제에 어떻게 기여하는지, 그리고 내담자가 더 성공적으로 삶에 접근하는 방식을 어떻게 변화시킬 수 있는지 탐색할 것이다.

치료자는 내담자가 삶에 대한 새로운 지향점, 즉 보다 완전하게 기능하는 방향을 개발하도록 돕는다. 예를 들어, 비록 당신이 현재 인생의 특정 문제에 대해 아무것도 할 수 없다고 생각할 수도 있지만, 이 문제보다 훨씬 더 어려웠던 많은 다른 도전을 성공적으로 해결한 경험이 있을 수 있다. 내담자는 같은 맥락에서 도전을 받을 수 있다. "당신은 남편에게 무력하다고 말하지만, 저는 당신이 부모, 상사, 자녀에게 정기적으로 맞서는 것을 보았습니다. 이러한 차이에 대해 어떻게 생각하시는지 궁금합니다." 치료자는 내담자가 인생에서 자신이 무엇을 잘못했다고 생각하는지 알아낼 수 있다. 예를 들어, 한 젊은 여성은 외모와 행동이 더 완벽하면 다른 사람들이 자신을 더욱 사랑할 것이라고 믿고 치료를 시작했다. 그녀는 세련되고 단정하게 보이기 위해 할 수 있는 모든 일을 열심히 했고, 행동 지침이 되는 모든 종류의 에티켓 책을 갖고 있었다. 이것이 합리적인 자기 계발 계획처럼 보일 수도 있지만, 실제로는 오히려 다른 사람들이 그녀를 대하기 어렵게 만들었다. 그녀는 사람을 다른 사람들에게 매력적으로 만드는 것 중 하나가 완벽함이 아니라 불완전함이라는 사실을 이해하지 못하는 것 같았다. 실제 사람들은 실수하고 문제를 지니고 있다. 또한 그들은 문제에 직면할 수 있는 용기를 가지고 있다. 그녀는 완벽함과 친밀함을 만들기 위한 자신의 전략이 실제로는 다른 사람들과의 거리감과 경멸감을 조성하고 있다는 것을 이해해야 했다.

다른 인지적 치료와 마찬가지로, 아들러 치료의 핵심 접근법은 만족을 방해하는 사고 곤란(thought disturbances)과 핵심 두려움을 식별하는 것이다. 치료의 세 번째 단계에서 아들러 치료자는 내담자와 함께 왜곡된 지각에 기여하는 자기 패배적 사고 패턴을 탐색하는 경향이 있다(Carlson et al., 2006; Mosak & Maniacci, 1999).

4단계: 재정향

내담자가 자신의 문제를 충분히 통찰하면, 치료는 행동으로 전환된다. 통찰은 멋진 일이지만, 원하는 목표를 향한 건설적인 움직임으로 이어질 때만 그렇다. 스미스 등(Smith et al., 2011)은 내담자의 문화와 일치하는 문제 해결을 위한 치료 방법이 내담자에게 더 적합할 것이라고 제안했다. 그런 의미에서 아들러 치료자는 내담자와 협력하여 문화적으로나 개인적으로 일치하는 개입을 한다. 예를 들어, 안토니오의 결혼 생활에서 로사는 자신의 원가족과 매우 친밀했기 때문에 일부 치료자는 그녀가 그녀의 가족과 융해되었다고 생각할 수도 있다. 그러나 그녀 가족의 멕시코 전통과 가족 내에서 정서적으로 질식시키거나 제한하는 방식이 아닌 사랑으로 친밀감이 표현되는 방식을 고려하여(Falicov, 2014), 치료자는 다르게 사정했다. 아들러 치료자는 가족 간의 친밀함은 로사에게 중요한 것이며, 안토니오와의 결혼 생활에서도 당연한 것임을 이해한다. 그녀가 원가족에 덜 관여하도록 제안하기보다는 안토니오에게 긍정적인 관여를 높이는 데 집중하는 것이 더 중요하다.

아들러 접근법은 통찰과 행동 모두를 지향하므로, 치료자는 내담자가 스스로 선언한 목적을 회기 사이에 완수할 수 있는 구체적인 숙제나 과제로 전환하도록 돕는 데 주저하지 않는다. 아들러 치료자는 다른 방식으로 생각하고, 느끼고, 반응하는 것과 관련한 구체적인 과제를 제시한다. 부부가 결혼 생활을 당연하게 여기고 함께 좋은 시간을 보내지 않음으로써 결혼 생활에 대한 책임을 다하지 않는다면, 치료자는 배우자와 함께 '데이트'를 계획하도록 제안할 수 있다. 또한 치료자는 내담자에게 외부 독서 활동(예: 독서치료; Carlson & Dinkmeyer, 2003 참조)을 통해 관계를 강화하는 법을 배우고, 매주 과제 형태의 구조화된 활동을 완수하여 관계를 개선하도록 제안할 수도 있다.

과정의 모든 단계에서 협력적이고 지지적인 관계는 내담자에게 동기를 부여하고 진전을 이루기 위한 지렛대로 사용된다. **재정향** 또는 통찰에서 행동으로 옮길 때, 내담자는 원하거나 명시된 목표에 좀 더 일치하는 새로운 선택을 하도록 도움을 받는다.

안토니오가 치료를 통해 알게 된 것 중 하나는 직업을 바꾸고 싶다는 것이었다. 치료 전에 그는 이러한 생각을 인식하고는 있었지만 이를 받아들이고 새로운 진로를 향한 안내된 행동(guided action)을 시도할 수 없거나 준비가 되어 있지 않았다. 그러나 재정향 단계에서 그는 움직이거나 변화할 준비가 되어 있었다.

치료자   회계를 별로 좋아하지 않고, 다른 사람을 돕는 분야의 일을 하고 싶다고 하셨어요.

안토니오   그렇게 말했어요. 다른 사람을 돕는 걸 정말 좋아하지만, 그 일로는 돈을 벌 수 없어요. 자원봉사를 통해 다른 사람을 도울 수 있다고 생각해요.

치료자   어떤 일을 하려고 생각하셨나요?

안토니오   교회에서 할 수 있는 일이 매우 많아요. 또한 YMCA에서는 항상 코치를 찾고 있는 것 같아요.

치료자   다른 사람을 돕는다면 기분이 나아질 수 있다고 생각하시나요? 그렇다면 현재 직업은 어떤가요?

안토니오   제가 상사가 되어서 더 많은 돈을 벌 수 있다면 회계 일도 괜찮아요.

치료자   안토니오, 지난 몇 달 동안 우리는 당신이 회계사로서 얼마나 불행한지, 그리고 그것이 당신을 행복하게 해 주지 않는 것 같다는 이야기를 많이 했던 것 같습니다. 그리고 당신은 지금

다시 회계 일에 머무르고 있어요. 자유와 더 많은 수입이 실제로 자신의 목표에 부합되는지 의심스럽습니다.

안토니오 홈……. 네, 더 큰 꿈이나 제가 진정으로 원하는 것이 무엇인지 생각하지 않는 것이 얼마나 쉬운지 우스워요. 네, 잘되고 있는 일도 많지만 제 직업이 자꾸만 발목을 잡는 것 같아요. 아내도 저에게 이렇게 말했고, 선생님도 제게 이렇게 말하고, 저도 마음속 깊이 스스로 똑같이 말했어요. 더 행복하게 만드는 다른 일을 해야 할 필요가 있다고 생각하지만, 회계 일은 행복한 미래가 아니라고 생각해요. 저는 새로운 경력을 쌓을 준비가 되었어요.

치료자 그렇게 할 수 있는 방법을 생각해 볼 수 있나요?

안토니오 학교에 가거나 다른 사람에게 도움을 요청해야 할 것 같아요. 전에 말했던 것처럼, 다른 사람을 돕는 일이 저를 행복하게 만들고 동기부여가 된다는 것을 알고 있어요. 목표가 저에게 그다지 중요하지 않았기 때문에 제 인생 대부분 최소한의 일만 해 왔어요. 하지만 저는 아빠가 되는 것이 좋았고, 교회에서 아이들과 함께하는 것이 좋아요. 사회복지나 대인 서비스 관련 분야에서 뭔가를 해야 한다고 생각해요. 이것은 석사 학위 취득을 위해 학교로 돌아간다는 의미가 돼요.

치료자 안토니오, 당신이 이렇게 확신 있게 말하는 건 처음 듣는군요. 정말 이 일을 원하고 준비가 되었다고 믿어져요.

안토니오 그 말씀을 하시니까 재미있네요. 왜냐하면 제가 전에 그것을 말했는지 확실하지 않지만, 사실 제가 진짜 할 거라고 생각은 했거든요. 하지만, 선생님께 그것을 말하는 것만으로도 벌써 기분이 더 좋아지는 것 같아요.

치료자   좋아요. 그럼 다음 단계는 무엇이며, 어떤 일이 일어나길 바라나요?

　재정향의 첫 번째 단계는 내담자가 가장 원하는 것을 명확하게 파악하는 것이다. 이러한 목표는 현실적이고 합리적이어야 한다. 내담자는 자신의 삶에서 더 많은 사랑을 갖고 싶다고 말할 수 있다. 치료자의 다음 과제는 내담자가 더 많은 사랑을 갖고 싶다는 것이 무엇을 의미하는지 정확하게 파악하도록 돕는 것이다. 어떤 사람에게는 더 많은 친구를 의미할 수도 있고, 또 다른 사람에게는 데이트를 원하거나 현재 파트너와의 더 깊은 관계를 원할 수도 있다. 이 과정에서 치료자는 내담자가 성취 가능한 목표를 갖도록 도울 수 있다. 내담자와 치료자가 생각해 낸 대부분의 문제 해결 방법을 사용하여 행동 계획을 수립할 수 있다. 아들러 치료자는 기술적으로 절충적인 개입 방법을 사용하기 때문에 이 점은 매우 중요하다.

　치료 과정의 이 시점에서 아들러 치료자는 코치나 교사처럼 보일 수 있다. 이 시점에서의 목표는 내담자가 자신의 삶에서 새로운 패턴을 형성하는 데 필요한 기술과 행동을 습득하도록 돕는 것이다. 이러한 행동은 이전 단계에서 규정된 내담자의 생활양식과도 일치해야만 한다.

　실제 사례를 통해 이 과정을 살펴보자. 한 여성이 체중 감량을 목적으로 상담을 받으러 왔다. "9kg만 감량한다면 결혼 생활이 훨씬 나아질 것 같아요."라고 말했다. "그게 무슨 뜻이죠?" 치료자가 물었다. "9kg을 감량하면 결혼 생활이 어떻게 나아질까요?"

그녀는 당황한 표정을 짓더니 마침내 말했다. "그러면 남편이 더 이상 저를 '게으르다'라고 하지 않을 거예요."

내담자가 결혼 생활에서 경험하고 있는 문제는 체중에만 국한된 것이 아니라 부부 의사소통의 역기능적 패턴의 결과일 가능성이 훨씬 더 높다는 것이 명백했지만, 치료자는 최소한 동맹이 형성될 때까지는 내담자의 초기 호소 문제를 액면 그대로 수용했다. 호소 문제에 대한 내담자의 부정확한 개념에 너무 일찍 이의를 제기하지 않는 것이 좋은 치료적 방침인 경우가 많다.

치료자와 내담자는 매일 10분씩 러닝머신에서 운동하는 프로그램을 구조화하여 함께 진행했다. 전에 그녀는 러닝머신에서 방금 소모한 열량만큼 콜라를 마시면서 매번 '운동'을 끝마쳤다. 당연히 식습관에도 몇 가지 변화가 필요했다(예: 콜라를 다이어트 콜라 또는 물로 바꾸는 것). 몇 주에 걸쳐 그녀는 이러한 변화를 도모할 수 있었고, 하루 운동량도 40분으로 서서히 늘렸다. 처음에 그녀는 남편에게 체중 감량을 보여 주겠다는 좋은 의도로 목표를 세웠지만, 진전을 이루면서 그녀의 목표는 새롭고 건강한 생활양식을 유지할 수 있는 자신의 능력에 더 초점을 맞추게 되었다.

물론 9kg을 감량했음에도 불구하고 부부 관계는 결국 달라진 것이 거의 없었다. 남편은 아내를 '게으르다'라고 부르는 대신 다른 방식으로 놀렸다. 다음 단계는 부부가 함께 더 깊은 수준에서 직접적으로 개입할 수 있는 부부 치료를 받는 것이다. 9kg을 감량해도 문제가 해결되지 않는다는 것이 '입증'되기 전까지는 이러한 단계로 이어질 수 없었을 것이다(비록 내담자의 자아상과 자신감 향상에는 도움이 되었을지라도).

아들러 심리치료의 네 단계는 각각 고유한 초점을 가지고 있으며, 치료자가 반드시 각 단계를 순차적으로 따를 필요가 없다는 점은 중요하다. 관계 형성, 사정, 통찰, 재정향은 반복해서 진행된다. 관계 형성은 치료 과정 내내 이루어지며, 사정은 내담자가 처음 치료자를 만났거나 치료자의 사무실에 들어올 때 시작된다. 통찰과 재정향은 언제든지 일어날 수 있다. 이전에 어떤 내담자가 접수 양식을 작성하던 중에 자리에서 일어나더니 양식을 작성하면서 자신의 문제를 명확하게 볼 수 있게 되었고 무엇을 해야 할지 알았다고 말했다. 잘 해결되지 않으면 정식으로 상담을 받겠다고 말했다. 또 다른 내담자는 아내가 듣고 있는 동안 **자신의** 자녀들에 대해 이야기하며 회기를 시작했고, 치료자는 **그의** 자녀들이 다른 결혼을 통해 태어났는지 물었다. 그는 치료자를 보며 "아니요. 그들은 **우리** 아이들입니다."라고 말했다. 치료자가 미소 지으며 아내에게 '우리' 자녀들이라고 했을 때와 '그의' 자녀들이라고 했을 때 기분이 다르냐고 묻자, 아내는 고개를 끄덕이기 시작했다. 이 사례에서는 치료의 시작에 개입이 이루어졌다. 단계는 대체로 순차적이지만, 치료 과정 중 특정 단계가 다른 시점에서도 나타날 수 있다.

아들러 심리치료의 선택적 치료 전략

조금 전 설명한 단계와 치료자 역할 안에는 몇 가지 독특한 기법도 사용된다. 언뜻 보면 이러한 개입 기준의 상당수가 임상가들 사이에

서 잘 알려진 것처럼 보일 수 있다. 한 가지 이유는 아들러 심리학자
들이 광범위한 면담과 임상 틀(frame)을 개척해 왔고, 이러한 방법 중
많은 부분이 다른 접근법에 의해 차용되었기 때문이다. 현대의 아들
러 치료자들도 호환 가능한 체계의 전략을 사용하는 것과 같다. 와츠
와 라구아르디아(Watts & LaGuardia, 2015)는 대부분 기법이 원래 아들
러에게서 유래했기 때문에 아들러 이론과 호환 가능하다고 말했다.
코리(Corey, 2016)는 다음과 같이 덧붙였다.

> 현대적인 상담 이론을 연구한 결과, 아들러의 많은 개념이 다른
> 명칭으로 사용되었고, 종종 아들러의 공로를 마땅히 인정하지 않은
> 채 현대적 접근 방식에 다시 등장했음을 알 수 있다. …… 아들러
> 이론이 대부분의 현대적인 이론과 중요한 연관이 있다는 것은 분명
> 하다(p. 126).

『상담과 심리치료의 전략(Tactics in Counseling and Psychotherapy)』
이라는 책에서, 아들러 심리학자 해럴드 모삭과 마이클 마니아치
(Mosak & Maniacci, 1998)는 심리치료에 사용할 수 있는 19가지 유형
의 전략을 소개했다. 이러한 기법과 전략에는 직면, 동기부여, 역설,
격려, 꿈, 유머, 변화 등이 포함된다. 다음에는 아들러 고유의 기법
중 몇 가지가 강조되어 있다. 일부는 개인용이고, 다른 일부는 커플
용이다.

재구조화

재구조화(reframing)는 내담자가 같은 것을 다른 관점에서 볼 수 있도록 돕는 과정이다. 어떤 특정한 이론적 지향(orientation)을 가진 치료자만 사용하는 것은 아니다. 아들러 치료자의 경우, 이 개입은 사람들이 **모든 것이 실제로 다른 것일 수 있다**라는 것을 이해하도록 돕는 데 목표를 두며, 자신의 현실에 주관적인 관점이 있다는 개념을 반영한다.

치료자는 낙담한 내담자에게 "아내가 당신에게서 벗어나려고 야근을 하기 때문에 당신을 사랑하지 않는다고 느끼는 것 같군요. 이걸 다르게 볼 수 있는 방법이 없을까요?"라고 물었다.

"무슨 말씀이죠?" 내담자는 이 도전적인 질문에 당황스러워하며 대답했다.

"저는 단지 당신의 아내가 당신이 원하는 만큼 여유가 없는 데에는 다른 이유가 있을 수 있다는 점을 말하는 거예요. 그리고 이것이 반드시 당신을 피하거나 사랑하지 않는 것과 관련이 없을 수도 있어요."

"돈을 더 벌기 위해서라는 말씀이신가요?"

"맞아요! 전에 아내에게 경제적 어려움을 토로한 적이 있다고 말씀하셨잖아요. 아내가 추가 근무를 하는 또 다른 이유는 당신을 사랑하고 가능한 한 경제적인 도움을 주고 싶기 때문일 수도 있지 않을까요?"

내담자는 자신의 상황을 보다 긍정적인 방법으로 바라보는 데 도움을 받을 수 있었다.

질문

초기 면접에서 자주 사용되는 '질문(the Question)'은 호소 문제가 주로 신체적인지 또는 심리적인지를 판단하는 데 사용된다(Carlson et al., 2006). 또한 질문은 내담자가 호소 문제로 인해 다른 사람들로부터 특별한 대우나 관심을 받고 있는지, 또는 어떤 생애 과제에 영향을 받고 있는지를 파악하는 데 사용된다(Mosak & Maniacci, 1998). 치료자는 "문제가 사라진다면 무엇이 달라질까요?"라고 질문한다. 이 질문은 해결 중심 접근법의 '기적 질문'과 유사하다. 약물 남용 문제가 있는 내담자에게는 "매일 약물을 남용하지 않는다면, 삶이 어떻게 달라질까요?"라고 좀 더 구체적인 질문을 할 수 있다. 이 대답은 치료 개입의 영역을 결정하는 데 도움이 된다. 내담자는 "그렇다면 좋은 직장도 있고 갈 곳도 생길 거예요."라고 말할 수 있다. 그런 다음 치료자는 일 과제에 개입이 필요하다는 것을 알고, 약물 남용 패턴을 깨기 위해 내담자가 매일 의미를 느낄 수 있는 곳을 찾도록 도와야 한다.

버튼 누르기 기법

이 이미지 기법은 내담자가 자신의 정서를 통제할 수 있다는 점을 강조하는 데 사용된다. 각 감정의 뒤에 잠재적인 인지가 있다는 개념에 기반을 둔다. 간단히 말하자면, 내담자가 인지와 자신이 생각한 것을 바꿀 수 있다면, 정서적 반응도 바꿀 수 있다는 것이다. 내담자에게 즐거운 경험을 떠올린 다음, 불쾌한 경험을 떠올리게 한다. 치료자는 어떤 상황에서는 한 가지 방식으로 행동하며 사고하고, 다른 상황에서는 다른 방식으로 행동하며 사고한다는 것을 내담자가 깨닫도록 돕는다. 버튼 누르기 기법(push-button technique)은 다음과 같이 진행된다.

치료자	당신 앞에 두 개의 버튼이 있다고 상상해 보세요. 각 버튼은 두 가지 다른 반응에 대한 것입니다. 이제 어떤 상황이든 다른 버튼을 눌러 다른 방식으로 대응할 수 있는 선택권이 있다고 상상해 보세요. 이 버튼들은 당신의 것입니다. 당신만이 버튼을 누를 수 있습니다. 어떤 방식으로 반응할지는 오직 당신만이 선택할 수 있습니다.
	(안토니오의 경우, 버튼 누르기 기법을 사용하여 직장에서 다른 방식으로 반응하는 방법을 배웠다.)
안토니오	저는 직장에서 비판받거나 소외될 때 너무 화가 납니다.
치료자	하지만 교회에서처럼 정말 침착하고 집중할 때도 있죠.
안토니오	네, 하지만 그게 무슨 상관이 있나요?
치료자	가슴에 가상의 버튼이 두 개 있다고 상상해 보시겠어요? 한 버튼은 직장에서 하는 것처럼 행동하라고 지시하고, 다른 버튼은 교회에서 행동하는 것처럼 하라고 말합니다.
안토니오	네, 재미있네요. 확실하게 상상할 수 있습니다.
치료자	직장에 출근해서 직장 버튼을 누르는 대신에 교회 버튼을 누른다고 상상해 보시겠어요? 둘 다 할 수 있다는 점을 기억하세요.
안토니오	직장에서 일할 때, 교회에서처럼 행동하라는 것인가요?

치료자   그렇게 한다면 어떻게 될 것 같으세요?

안토니오 직장 동료들과 더 잘 어울릴 수 있을 것이고, 그러면 업무가
         괴롭지 않을 것 같습니다.

마치 ~처럼 행동하기

아들러는 한스 바이힝거(Hans Vaihinger, 1924)의 저서인『마치 ~처럼의 철학』에서 막대한 영향을 받았다. 바이힝거는 주관적인 사고 구조가 유용한 대처 도구 역할을 할 수 있다는 개념, 즉 사람들이 어떻게 느끼고 행동할지 선택할 수 있다는 개념을 제시했다. 아들러는 사람들이 자신의 삶을 이끄는 방법에 대한 지침 역할을 하는 인지 지도를 만든다고 믿었다. 물론 이러한 지도는 현실과 유사할 수도 있고 그렇지 않을 수도 있는 허구 또는 구성물이며, 오히려 각 사람의 주관적인 세계관에 맞춰 형성된 것이다(Carlson et al., 2006). 사람들은 이 지도가 마치 실제인 것처럼(as if) 행동하고, 그에 따라 삶을 살아간다. '마치 ~처럼' 행동하기(acting 'as if') 개입은 본질적으로 내담자에게 다른 지도에 따라 자신의 삶을 살거나 자신의 행동을 모델링하게 하는 것이다. 여기에는 내담자에게 1~2주 동안 문제가 없는 것처럼(문제와 관련되지 않은 새로운 지도) 행동하도록 제안하는 것이 포함된다. 이러한 가상 연습을 통해 내담자는 자신의 지도를 기반으로 이전에는 가능성의 영역을 벗어난 것처럼 보였던 행동을 취할 수 있다. 이러한 예는 다음과 같다.

치료자는 "이번 주에는 당신이 좋은 직원인 것**처럼** 행동했으면 좋

겠습니다. 그것이 지금까지 자신을 그렇게 생각하지 않았고, 많은 다른 사람들도 당신을 그렇게 바라본 방식도 아니라는 것을 알고 있습니다. 하지만 실험 삼아, 당신이 정말 좋은 직원인 것처럼 행동해 보셨으면 좋겠습니다. 이게 무슨 뜻일까요?"라고 말할 수 있다.

내담자는 어깨를 으쓱하면서 잘 모르겠다는 뜻을 전달한다.

"그렇다면, 좋은 직원은 어떻게 행동할까요? 좋은 직원이라는 것을 어떻게 알 수 있을까요?"(이 단계에서 치료자는 내담자가 새로운 지도를 구상하고 만들도록 돕는다.)

"잘 모르겠는데요. 일단은 제시간에 출근하는 것 같아요."

"좋아요! 또 뭐가 있을까요?"

"그들은 행복해 보여요. 시키는 대로 행동하죠."

"또 뭐가 있을까요?"

"무엇보다 누가 시켜서 하는 것이 아니라 스스로 알아서 하는 것 같아요."

이제 내담자는 마치 좋은 직원인 것'처럼' 행동하는 방법을 알았고, 이 역할을 시도해 보고 자신에게 맞는지 확인할 수 있었다.

안토니오의 주요 관심사 중 하나는 자신의 삶에서 계속 느껴지는 계급 차이였다. 노동자 계급 출신인 자신과 부유한 배경을 가진 아내 사이에서 계급 차이를 인식하고 있었다. 또한 그는 백인이 대다수인 부유한 마을에 살고 있다는 것도 알고 있었다. 그는 '마치 ~처럼' 행동하기 전략을 사용하도록 격려받았다.

치료자   로사의 가족이 당신보다 더 잘살기 때문에 로사의 가족과 함께 있을 때 소외감을 느낀다고 말했어요. 그리고 부유한 백인 지역에 살고 있는데, 그 사람들이 자신을 받아 줄지 확신이 서지 않는다고도 말했어요.

안토니오 정확하게 맞아요. 그렇습니다.

치료자 다음에 로사의 가족들과 함께 있을 때, 다른 행동을 한다면 어떻게 될지 궁금하네요.

안토니오 글쎄요. 저는 처가 식구들과 함께 있으면 꽤 지루해요. 다음 주에 장인, 장모께서 2주 동안 방문하실 예정이라 두 분이 계실 때, 어떤 미션을 하는 것이 좋을 것 같습니다. 그때가 기회일 것 같네요.

치료자 마치 그분들이 당신을 평등한 존재로 여기는 것처럼(as if) 행동해 보면 어떨까요? 할아버지와 함께 있을 때처럼 행동해 보세요.

안토니오 어색하겠지만, 도움이 될 것 같으니 시도해 볼게요.

치료자 좋아요. 할아버지와 함께 있을 때 어떻게 행동하고 느꼈나요?

'마치 ~처럼' 기법의 또 다른 버전은 내담자에게 자신 있게 말하거나 뱀을 가까이 두는 것과 같이 뭔가 두려워하는 일을 할 수 있는 것처럼 행동하도록 요청하는 것이다(Watts, Peluso, & Lewis, 2005). 그 근거는 내담자가 확신 수준과는 상관없이 다르게 행동하기 시작하면 자신의 능력에 대해 좀 더 확신을 갖게 되고, 자신의 능력에 대한 믿음도 바뀌는 경향이 있다는 것이다. 이 기법은 내담자에게 '마치 ~처럼' 행동할 경우 자신의 삶이 어떻게 더 긍정적으로 변할지 상상하도록 요청하고, '마치 ~처럼' 행동할 때 성공 가능성을 높일 수 있는 행동을 선택하도록 협력함으로써 영감과 확신을 심어 주는 격려로까지 확장될 수 있다(Watts et al., 2005).

격려

아들러 치료는 전반적으로 격려(encouragement)의 과정이다(Watts, 2012). 내담자는 아프거나 병든 것이 아니라 낙담한 상태이며 격려가 필요하다. **격려란** 내담자에게 '용기'를 북돋는다는 의미이다. 용기는 사람들이 자신의 강점을 인식하고, 자신의 존재를 가치 있게 여기며, 소속감을 느끼고, 희망을 가질 때 생긴다(Carns & Carns, 2006). "이번 주에 시간을 내어 명상 책을 읽으신 게 정말 좋았습니다. 매일 20분씩 명상을 하고, 술 대신 물을 마시세요. 좀 더 편안한 사람이 되겠다는 목표에 큰 진전을 이루셨네요." 치료자는 내담자가 앞으로 자기평가를 스스로 할 수 있도록 자신이 한 긍정적인 행동을 정확하게 알려 준다.

안토니오는 스스로 자신을 낮게 평가하는 식으로 말하기 때문에 격려가 매우 중요했다. 그는 자신의 인생에서 성취한 것에 대한 만족감을 거의 느끼지 못했고, 자신이 가치 있다고 느끼지 못했다.

치료자   직장에서 그다지 성공적이지 못하다고 말씀하시는 것을 들었습니다.

안토니오   성공적이었다고 생각하지 않습니다.

치료자   지난 6년 동안 많은 사람이 해고되었는데, 당신은 8년 동안

일하면서 해고에 대해 걱정하지 않았습니다. 일을 제대로 하는 게 틀림없어요.

안토니오   저는 일을 잘하는 편이라고 생각해요. 적어도 제시간에 일을 끝내긴 합니다.

치료자   신뢰할 수 있고, 책임감이 있다고 들리네요. 인상적인 자질들이에요.

안토니오   그런 것 같긴 한데 제 눈에는 잘 띄지 않는 것 같아요.

마이다스 기법

이 전략은 내담자의 신경증적인 요구를 과장하는 것이 포함된다. 소원을 빌면 모든 것을 금으로 바꿀 수 있었던 그리스 신화의 마이다스(Midas) 왕처럼, 과장(exaggeration)은 내담자가 자신의 처지를 비웃을 수 있게 한다. 물질적인 부를 쌓고 투자하느라 분주했던 내담자는 치료자가 다음 생을 위해 그의 모든 재산을 가져갈 수 있게 묘지를 여러 개 더 사라고 제안했을 때 충격을 받았다. 하지만 내담자는 웃었다. "네, 무슨 의미인지 이해했어요. 저는 모든 것을 가져갈 것처럼 행동했어요. 저는 모으는 것보다 좀 더 즐겁게 사는 것에 초점을 두어야 할 것 같아요." 평소와 같은 방식으로 생각하는 내담자가 다가오는 휴가에 관해 이야기하는데, 너무 많은 활동을 계획하고 있다면 치료자는 슬며시 웃으며 "화요일 2시 15분부터 2시 50분 사이에 자전거 타기, 카누 대여, 제트 스키 대여 등 몇 가지를 더 할 수 없을까요?"라고 물을 수 있다. 내담자는 웃으며, 자신이 다시 과잉 기능한다는 것을 이해할 수 있었다. "재산에 너무 집중하는 것 같나요?" 또는 "휴가 동안 너무 많은 일을 한다고 생각하나요?"와 같이 직접적인 질문으로 이러한 문제에 접근한다면 저항에 부딪힐 가능성이 크다.

누군가를 기쁘게 하기

치료자는 내담자에게 다른 사람을 위해 좋은 일, 은혜의 행위, **선행**(mitzvah) 또는 사랑의 제스처를 하도록 촉구한다. 이 기법은 내담자가 자신의 고통을 넘어 다른 사람을 돕기 위해 사회적 관심을 발휘하는 것의 중요성에 기반을 두고 있다.

때때로 특히 우울과 절망에 빠진 내담자의 경우, 자신의 상황에 너무 많은 시간을 집착하며 보낸다. 그들은 끊임없이 자신에 대해 생각하고, 같은 일을 되풀이하며, '자신(selfness)'에게 갇혀 있다. 이런 삶은 다른 사람을 위해 자원봉사를 하거나, 보답을 기대하지 않고 매일 누군가를 위해 좋은 일을 하도록 격려받을 수 있다. 하버드대 심리학자 대니얼 길버트(Daniel Gilbert, 2006)에 의하면, 관대함은 행복으로 이어진다.

어려운 문제 피하기

이 전략은 내담자의 자기 패배적인 행동을 지지하지 않기 위한 것으로, 이름 자체가 추가적인 개입이나 문제 해결을 시도함으로써 악화되는 어려운 문제 또는 고착화된 상황이라는 개념을 함축한다. 목표는 더 이상 내담자의 부정적인 자기 지각을 지지하지 않는 방식으로 행동하려는 것이다. 다른 사람을 싫어한다는 내담자에게 친구의 이사를 돕거나, 이웃의 신문을 주워 문 앞에 가져다주거나, 이웃 노인에게 마트에서 대신 장 봐 줄 것이 없는지 물어보도록 요청할 수 있다. '사람을 싫어하는' 내담자는 지배적인 자기 지각과 반대되는 방식으로 행동하게 된다. 다시 말하자면, 자신의 지배적인 자기 이미지와 반대되는 방식으로 행동한다면, 부조화가 일어나고 그 지각이 바뀌기 시작한다.

안토니오에게는 자신의 생활양식을 이해하고, 또한 자신이 불공정한 삶을 살 수도 있는 상황을 만드는 경향이 있음을 이해하도록 돕는 것이 중요했다. 치료자는 안토니오와 함께 편견과 차별이 어떻게 불평등과 억압감을 느끼는 상황을 만드는지 탐색하는 한편, 안토니오가 자신의 삶과 어려움에 대한 부정적인 지각과 정보를 우선적으로 필터링하는 패턴을 발달시켜 온 것을 발견했다. 부정적인 것을 예상하고 자기 패배적인 정보만을 고려함으로써 안토니오는 결과가 항상 자신에게 좋지 않은 것처럼 보이는 상황을 만드는 데 일조하고 있었다. 이를 극복하기 위해, 치료자는 안토니오가 더 이상 그렇지 않은 상황을 만들고 자기 패배적인 패턴에 반대되는 방식으로 행동하는 방법을 배워서 '어려운 문제를 피할 수 있도록(avoiding the tar baby)' 도왔다.

치료자　　생활양식 사정에 의하면 당신은 무의식적으로 결국 실패하는 상황을 만드는 것 같습니다. 예를 들면, 직장에서 화를 내서 다른 사람들이 당신의 많은 재능을 보지 못하게 하는군요. 가

정에서는 로사에게 너무 많은 일을 맡기는 경향이 있어서, 자
신이 불필요한 존재라고 느끼는 것 같아요.

안토니오 맞는 것 같아요. 하지만 전에는 정말 이해하지 못했어요.

치료자 당신이 다르게 행동할 수 있는, 모든 것이 당신에게 더 나빠
보이지 않는 몇 가지 방법을 생각해 봅시다. 어떤 아이디어가
있을까요?

안토니오 로사와 이야기해서 매일 제가 할 수 있는, 도움이 될 만한 일
을 찾아볼 수 있을 것 같아요. 매일 밤 저녁 식사를 준비하고
빨래를 할 수 있을 것 같아요. 실제로 저는 아들 목욕시키는
것도 좋아해요.

치료자 제가 말씀드린 게 바로 그것입니다. 언제 시작할 수 있나요?

역설적 의도 또는 수프에 침 뱉기

아들러는 내담자에게 역설적 의도(paradoxical intention)를 사용하는
것에 대해 논의했다. **역설적 의도**는 내담자가 자신의 습관이나 생각
을 의도적으로 실행함으로써 그 습관이나 생각을 식별하고 제거할 수
있게 하는 것이다(Carlson et al., 2006). 이 기법은 내담자가 무의식적
으로 자신의 증상을 어떻게 만들어 내고, 그 증상을 어떤 목적을 위
해 사용하는지 보여 주기 위해 사용된다. 이 개입은 내담자가 증상을
변화하도록 격려하기보다는 증상을 유지하는 비효과적인 행동을 하
게 하는 예상치 못한 입장을 치료자가 취하는 과정이다. 내담자가 변
화에 저항하는 자기 파괴적인 행동을 멈추게 하기 위해 역설이 만들
어진다. 치료자는 제거하려는 증상을 일종의 역심리학적 방식으로 처

방한다. 내담자는 그 행동을 계속할 수 있지만, 허용되거나 제재를 받는 행동이기 때문에 이전과는 다르게 느껴진다. 이 과정을 통해 내담자는 그 행동이 얼마나 파괴적인지 더 잘 인식하고 그 행동을 계속하려는 노력을 멈추게 된다. 내담자는 여전히 수프를 먹을 수 있지만, 치료자는 수프에 침을 뱉음(spitting in the soup)으로써 즐거움을 빼앗거나 역동 관계를 변화시킨다. 예를 들어, 잭슨(Jackson)은 일 때문에 매우 바빠서 12년 동안 사귄 파트너 맨디(Mandy)와 데이트할 시간이 없었다고 말했다. 치료자는 결혼 생활을 위해서는 정기적으로 함께하는 긍정적인 시간이 필요하다는 것을 항상 배워 왔지만 실제로는 그렇지 않았음을 언급했다. 그는 잭슨이 계속해서 일을 가장 중요한 것으로 여겨야 하며, 맨디와 즐거운 시간을 보내면서 시간을 낭비하지 말아야 한다고 말했다. 치료자는 맨디도 자신이 그렇게 중요한 사람이 아니라는 데 동의할 것이라고 확신했다.

아들러식 또는 자비 명상

명상법은 아들러 치료에서 새로운 것이 아니다(Hanna, 1996; McBrien, 2004). 한나(Hanna, 1996)는 사회적 관심의 발달을 장려하기 위해 치료에 명상을 도입하는 것을 지지했다. 명상이 적극적인 사회적 관심을 증진하는 데는 한계가 있지만, 일반적인 치료에서 종종 다루지 않는 공감적 경험을 내담자가 탐구하는 데 도움이 될 수 있다. 칼슨(Carlson, 2015b)은 아들러식 명상이 마음속에서 느끼는 타인에 대한 친절과 친근함에 초점을 두는 자애 또는 **자비** 접근법(Carlson,

Englar-Carlson, & Emavardhana, 2011)을 채택할 수 있다고 제안했다. 아들러식 또는 자비 명상을 통해 사람들은 내적 경험을 깊게 인식하게 되어 연민을 키우고 타인에 대한 공감을 발달시키게 된다. 또한 이러한 과정은 자기 통제를 키우고, 관계에서 자신의 역할을 더 잘 이해하는 데 도움이 된다(Carlson, 2015b).

이 과정은 심호흡과 자신에게 집중하는 것으로 시작된다. 치료자는 다음과 같이 지시할 수 있다.

> 편안하게 앉아 호흡에 집중하기 시작하면서 자신의 모습을 선명하게 그려 보세요. 마치 자신의 맞은편에 앉아 긴장을 풀고 숨을 쉬는 모습을 지켜보는 것처럼 말입니다. 눈앞에 있는 자신의 모습이 선명하게 그려지면, "내가 평화롭고 행복하며 안전하고 고통으로부터 자유롭기를 바랍니다."라고 말합니다. 다시 눈앞의 자기 자신에게 "당신이 평화롭고 행복하며 안전하고 고통으로부터 자유롭기를 바랍니다."라고 말하세요.
>
> 이제 가까운 사람(배우자, 자녀, 부모, 친구 등)이 당신 앞에 앉아 있는 모습을 상상하고 이 사람에게 "당신이 평화롭고 행복하며 안전하고 고통으로부터 자유롭기를 바랍니다."라고 말하세요. 준비되면, 당신과 가까운 또 다른 사람으로 이동하여 이 과정을 반복합니다. 당신과 가까운 모든 사람을 축복할 때까지 이 과정을 반복하세요.
>
> 다음으로, 자주 보지만 거의 잘 알지 못하는 사람들을 상상해 보세요. 음식과 음료를 서빙하는 사람, 엘리베이터를 함께 타는 사람, 매일 잠깐씩 마주치는 사람들을 떠올려 보세요. 각 사람을 떠올리며 그들이 "평화롭고 행복하며 안전하고 고통으로부터 자유롭기를" 기원

하세요.

마지막으로, 갈등이 있거나 의견이 다르거나 단순히 싫어하는 사람을 떠올려 보세요. 그 사람을 떠올리며, "당신이 평화롭고 행복하며 안전하고 고통으로부터 자유롭기를 바랍니다."라고 기도하세요. 매일 이 연습을 하세요.

이마고 대화

이마고 관계 치료(imago relationship therapy)에서 활용되는 **이마고 대화**(imago dialogue)는 커플 간의 연결, 공감, 수평적 관계를 촉진하는 기술이다. 아들러는 평등의 필요성을 언급했지만, 치료적 관계에서 이를 실현할 방법은 제공하지 않았다. 이마고 대화는 커플 간 평등과 공감을 촉진하는 방법이다. 평등을 창출하기 위해 반영하기(mirroring), 상대방을 인정하기(validating the other), 공감하기(empathizing)의 세 부분으로 구성되어 있다(Hendrix, Hunt, Luquet, & Carlson, 2015).

이 과정은 커플이 번갈아 가며 메시지를 듣고 보내는 **적극적 경청** (active listening)과 유사하다. 커플은 문제 상황을 다른 관점에서 바라보고, 상대방의 관점을 인정하는 것을 빠르게 배울 수 있다.

다시는 외롭지 않을 5단계

러브와 칼슨(Love & Carlson, 2011)은 아들러의 기본적인 생애 과제를 외로움 해결을 위한 5단계 접근법으로 수정했다. 이 5단계는 행복과 만족감을 증가시키는 데 초점을 둔다.

- **1단계:** 자신이 누구인지 파악한다. 이것은 아들러의 **자기 과제**(self task)이다. 자신의 핵심 가치를 나타내는 특성, 즉 '나'를 만드는 속성 세 가지를 나열한다. 자신이 추구하는 핵심 가치를 나열한 후에는 매일 이 핵심 가치를 실천하겠다는 다짐으로 하루를 시작한다. 만약 당신이 친절한 사람이라면, 매일 친절하게 행동하는 모습을 보여 준다. 핵심 가치를 실천하는 것은 당신의 내적 및 외적 자기가 일치한다고 느낄 수 있게 하며, 이러한 진정성은 다른 사람을 당신에게 끌어당길 가능성이 크다.

- **2단계:** 다른 사람과의 관계에 투자한다. 이것은 아들러의 **사회적** 또는 **기타 과제**(social or other task)이다. 대부분 사람은 약 3~5명의 가까운 지지 집단이 필요하며, 시간, 돈, 에너지를 투자할수록 더욱 강해진다. 과학 기술(technology)을 사용해 만나는 관계는 중요하지 않으며, 직접 대면해야만 한다. 접촉을 통한 지지를 형성한다면 사회적 관심과 유대감을 높이는 데 도움이 될 수 있다.

- **3단계:** 글로벌(globally) 또는 지역(local) 공동체에 참여한다. 이것은 **사회적 관심**의 핵심이다. 외부 사회적 집단의 사람들에게 시간, 돈, 에너지를 투자하는 것은 외로움을 없앨 수 있다.

- **4단계:** 의미 있는 일에 재능을 집중한다. 이것은 아들러의 **일 과제**(work task)이다. 반드시 보수를 받을 필요는 없지만, 자신과 다른 사람들이 기분 좋게 느낄 수 있는 방식으로 자신의 재능을 활용한다. 여기에는 자원봉사를 하거나 지역사회의 복지에 공헌

하는 활동에 참여하는 것을 포함한다.

■ **5단계:** 시간을 내어 인생의 목적을 파악한다. 이것은 아들러의 **삶의 의미를 찾는 과제**(task to find meaning in life)와 관련된다. 일상적인 습관들이 삶의 목적을 드러내는지 확인한다.

핵심 가치를 실천하고, 관계를 강화하며, 공동체에 투자하고, 재능을 의미 있는 일에 사용하면, 당신은 목적이 있는 삶을 살게 되고 결코 다시는 외로움에 빠지지 않을 것이다.

주인의식 갖기

이 커플 치료 기법에서 치료자는 관계의 역동에서 각자의 개인적인 역할에 더 집중하기 위해 상대방이 무엇을 하고 있는지에 대한 생각의 전환을 격려한다. 각자는 비난하기보다는 책임을 인정한다(Carlson & Lorelle, 2016b).

치료자가 커플로 하여금 주인의식을 갖도록(taking ownership) 격려하는 방법에는 여러 가지가 있다. 치료자는 변화 과정에 대한 심리교육을 제공해야 한다. 이 과정에서 각자가 파트너를 바꾸려 하지 말고 스스로를 돌봐야 한다는 생각을 심어 준다. 다른 사람을 바꾸는 것은 불가능하다. 짝 배구, 스케이팅, 댄스 등 팀워크 개념을 사용한 은유(metaphor)는, 성공하려면 두 사람 모두의 노력이 필요하다는 개념을 설명하는 데 도움이 된다. 칼슨과 딩크마이어(Carlson & Dinkmeyer, 2003)는 각자의 행동에 대한 책임을 받아들이고, 서로 다른 선택을 할 수 있는 힘을 인정하는 것이 결혼 만족도를 향상시키는 첫 번째 단계라고 설명했다. 『더 나은 결혼을 위한 시간(Time for a Better Marriage)』(Carlson & Dinkmeyer, 2003)의 첫 번째 장과 같은 독서 과제를 부여하면 이러한 개념을 강화할 수 있다.

일일 대화

더 깊은 관계를 형성하기 위해 치료자는 커플에게 매일 10분간 '일일 대화(daily dialogue)'를 하도록 요청한다. 이 시간 동안, 한 사람이 5분간 이야기를 나누면 상대방은 경청한다. 이러한 대화의 주제는 그날의 사건에 대한 사실이 아니라 희망, 두려움, 불안전, 분노, 슬픔, 기쁨을 포함한 각 개인의 감정이어야 한다. 각자가 자신에 대한 통찰과 성찰을 공유하는 것이 중요하다. 이때는 상대에 대해 불평이나 불만을 토로하는 시간이 아니다(Carlson & Dinkmeyer, 2003). 커플은 종종 안전하고 일상적인 생각과 감정을 공유하는 것으로 시작하지만 대화가 계속되면서 깊이가 깊어진다.

경청하는 파트너는 침묵을 지키고 개방적이고 비판단적인 자세로 파트너의 감정과 생각을 듣는 연습을 한다. 듣는 사람의 역할은 파트너가 공유한 내용을 이해하려고 노력하는 것이다. 상대방이 동의하지 않으면, 파트너가 공유한 내용에 대해 논쟁하거나 반박하고 싶은 유혹을 느낄 수 있다. 그러나 목표는 파트너가 말하는 것에 동의하는 것이 아니라 파트너의 생각, 감정, 관점이 자신과 다르더라도 인정하는 것이다(Carlson & Dinkmeyer, 2003). 이러한 대화 중에는 비판, 공격, 방어를 피하는 것이 중요하다. 응답하거나 질문하기보다는 생각과 감정이 어떻게 진실한지 이해하는 데 집중하는 것이 가장 좋다. 만일 상대방이 표현하는 내용을 실제로 이해하지 못하는 경우, 치료 회기나 다른 시간에 명확한 설명을 요청하는 것이 좋다(Carlson & Lorelle, 2016a).

격려 모임

이 모임은 커플 관계를 강화하기 위한 것이다(Carlson & Dinkmeyer, 2003). 격려 모임(encouragement meeting)의 목적은 각 파트너가 각자에게서 그리고 관계 안에서 보고 있는 긍정적인 점들을 공유하기 위한 것이다. 한 파트너가 먼저 "오늘 일어난 가장 긍정적인 일은……?"이라고 말하며 시작한다. 그다음, "오늘 당신에게 감사한 점은……?"이라고 계속해서 말한다. 그런 다음, 역할을 바꾸어서 다른 파트너가 두 가지 같은 질문에 대답하게 한다.

격려의 날들

이 격려의 날들(encouraging days)을 실천하기 위해서는 우선 파트너가 당신을 기쁘게 해 줄 수 있는 작고 즐거운 행동 7~10가지를 나열하라. 행동은 구체적이고 긍정적이어야 하며 과거 두 사람 사이의 갈등과 관련이 없어야만 한다. 파트너와 매일 할 수 있는 행동을 선택하라. 파트너와 목록을 교환하고 매일 두 가지씩 격려하는 행동을 하기 위해 노력하라(Carlson & Dinkmeyer, 2003).

부부 회의

방해받지 않을 수 있는 계획된 시간에 정기적으로 만나라. 매주 모임 시간은 45분 이내로 한다. 회의 안건을 준비하고 이를 공지한다. 한 주 동안 신속하게 해결할 수 없는 갈등이나 안건이 생기면, 다음 부부 회의(marriage meeting)의 안건에 추가한다(Carlson & Dinkmeyer, 2003).

4단계 갈등 해결 과정

갈등은 삶에서 피할 수 없는 필수적인 부분이다. 결혼 생활에서 갈등의 주요 영역은 돈, 성, 일, 자녀, 시댁(처가), 종교, 친구, 약물 남용, 여가이다. 4단계 과정은 효과적으로 운영된다(Carlson & Dinkmeyer, 2003).

- 1단계: 상호 존중을 표현한다. 종종 문제 자체보다는 파트너 중 한 명 또는 양쪽 파트너의 태도가 갈등의 핵심이다. 상호 존중의 관계에서 각 파트너는 상대방의 관점을 이해하고 존중하려고 노력한다.
- 2단계: 진짜 문제를 정확하게 파악한다. 대부분 커플은 진짜 문제를 파악하는 데 어려움을 겪는다. 일반적으로 문제는 자신의 지위나 특권에 위협을 느낀다거나, 우월성에 도전을 받는다고 느낀다거나, 통제해야만 하거나 혹은 결정권이 위태롭다고 느낀다거나, 자신의 판단이 고려되지 않고 불공정한 대우를 받고 있다고 느낀다거나, 상처받아 보복하거나 복수하고 싶다고 느끼는 경

우 중 한 가지이다.

- **3단계:** 합의할 수 있는 영역을 찾는다. 자신이 하고자 하는 일에 집중하고, 파트너에게 변화를 요구하지 않는다.
- **4단계:** 의사 결정에 상호 참여한다.

관계/결혼 사명 선언문

커플 관계에는 나, 파트너, 그리고 우리라는 세 가지 당사자 또는 주체가 있다. 서로 각자 자신의 입장을 지키기 위해 로비(lobbying)를 하느라 너무 바빠서 '우리'를 위한 최선의 결정을 내리지 못하기 때문에 커플은 종종 갈등을 겪는다. '우리'를 효과적으로 강조하려면 우리가 누구인지, 함께함(togetherness)의 목적 또는 사명이 무엇인지에 대해 분명하게 이야기하는 것이 중요하다. 관계/결혼 사명 선언문(Carlson & Dinkmeyer, 2003)은 커플로서 무엇을 믿고, 바라고, 지지하고, 가치를 두는지를 드러낸다. 이는 네 부분으로 구성된다. 즉, (a) 커플의 바람직한 특성, (b) 각 파트너에게 기대하는 효과, (c) 관계의 의미 있는 목적, (d) 힘의 원천 또는 우리에게 중요한 것(원칙)에 대한 명확한 확인이다. 이 선언문에는 성, 시간, 공유, 자녀, 지지, 의사소통, 성장/변화, 목적/미래 비전, 서로에 대한 관여 정도, 친구에 대한 관여 정도, 직장에 대한 관여 정도, 영적 문제 등의 쟁점에 관한 언급이 포함되어야만 한다.

아들러 심리치료의 두 번째 사례

모나(Mona)는 41세 아프리카계 미국인 여성으로 '심리적·영적 치유'를 위해 치료에 왔다. 그것이 그녀에게 어떤 의미인지 물었을 때, 그녀는 남편에 대한 원망과 괴로움을 버려야 한다고 말했다. 남편 맥스웰(Maxwell)과 결혼한 지 14년째인 그녀는 9세와 12세의 두 아들을 두고 있었다. 그녀는 자신이 불행하고 이혼을 원하지만, 아이들이 이혼에 대해 자신을 비난하지 않을 거라는 확신이 있을 때만 이혼할 수 있다고 말했다. 치료자는 모나가 야간 대학 수업에서 다른 남자를 만나 외도를 하고 있다는 사실을 알게 되었다. 추가 면담에서 모나는 결혼 이후 세 번의 외도를 해 왔다는 것을 밝혔다. 그녀는 결혼 생활을 끝내고 싶었지만, 아버지를 존경하며 사랑하는 아들들에게 상처를 줄 수 없다고 느꼈다.

모나는 원가족에서 일곱 자매 중 넷째로 모두 딸이라고 밝혔다. 아버지는 6세 때 세상을 떠났고, 모나와 자매들은 시카고 공공주택에서 어머니의 손에 자랐다. 어머니는 가족을 부양하기 위해 여러 가지 일을 해야만 했고, 여성 전용 시설에서 손위 언니들이 어린 동생들을 돌봤다. 모나는 지역 도심 공립 학교에 다녔는데, 성실하고 의욕이 넘치는 학생이었다. 그녀는 교육 덕분에 도심(city)에서 교외(suburbs)로 '탈출'할 수 있다고 믿었다. 고등학교 졸업 후, 모나는 맥스웰을 만났다. 두 사람은 몇 년 동안 사귀다가 20대 중반에 결혼했고, 얼마 지나지 않아 두 아들을 낳았다.

모나는 법률 회사에서 비서로 일하며, 가족 수입의 대부분을 책임졌다. 그녀는 자신의 직업과 꾸준하게 발전한 경력을 자랑스러워했다. 모나는 맥스웰이 공장직에 '안주'하고, 경력이 정체되어 있다는 사실에 화가 났다. 모나에 따르면 맥스웰은 믿을 수 있으며, 퇴근 후에는 곧바로 집에 돌아오고, 교회에 출석하며, 여러 소년 운동팀을 코치했다. 그녀는 남편이 자신의 삶에 만족하고, 더 이상 많은 것을 원하지 않는 것으로 보았다. 반면에 모나는 자신만의 목표를 추구하고, 대학 학위를 위해 30학점 이상을 이수한 것을 자랑스러워했다. 그녀의 주요한 사회적 관계는 자매들, 어머니, 교회 공동체였다.

생활양식 검사(부록 참조)에서 그녀는 배려심이 많고, 처벌받은 적이 거의 없었으며, 예민하고, 쉽게 상처를 받으며, 가장 착한 행동을 함으로써 원가족 안에서 자신의 위치를 찾았다. 그녀는 '오만이 가득하고 자만심이 매우 강한' 큰언니와 가장 다르다고 말했다. 큰언니는 스스로 기분을 좋게 하기 위해 자랑을 늘어놓았고, '자신을 높이기 위해' 다른 사람을 경시했다. 모나는 자신과 가장 닮은 사람은 둘째 언니라고 했다. "그녀는 매우 똑똑하고 여유로운 사람이에요. 그녀는 자신이 마땅히 받아야 하는 것에 비해 제대로 대우받지 못해요."

그녀는 '아버지가 열심히 일하지만 충실한 남편은 아니었으며, 어머니는 누구에게도 상처를 준 적이 없고 항상 옳은 일을 하는 분'이라고 말했다. 모나는 자신이 아버지와 가장 닮았다고 생각했다. 어떤 면이 닮았냐는 질문에 그녀는 '성실하고, 항상 기댈 사람이 필요함을 느끼는 것'이라고 말했다.

모나의 초기 회상은 다음과 같다.

- 초기 회상 1: "제가 4세 무렵, 즐겨 마시던 꽃무늬 유리잔이 있었던 것으로 기억해요. 어느 날, 제가 찬장에서 잔을 꺼내려고 조리대 위에 올라갔다가 미끄러져 조리대에서 떨어지면서 팔꿈치가 바닥에 부딪히고 잔이 깨졌어요. 유일하게 기억나는 것은 제가 아파서, 엄마가 저를 데려가 깁스를 했다는 거예요."

- 초기 회상 2: "제가 8세 때, 여동생과 저는 친구들과 함께 바깥에서 소프트볼을 했는데 제가 방망이를 거꾸로 휘둘러서 여동생 머리에 맞았어요. 죄책감과 미안함을 느끼며, 동생을 일으켜 세우려고 했던 기억이 나요. 혹이 빨리 생겨서 저는 동생이 괜찮은지 확인하고 싶었어요. 우리(친구와 나)는 엄마가 여동생을 살필 수 있도록 위층으로 데려갔고, 결국 여동생은 괜찮았지만 게임은 이미 끝난 뒤였어요."

- 초기 회상 3: "제가 7세 때, 엄마와 언니들이 아빠와 떨어져서 아파트로 이사를 했어요. 아파트가 너무 커 보였고, 큰 소리로 말하면 메아리가 들리던 기억이 납니다. 거실에 있을 때 여동생이 저와 사람들을 놀라게 하려고 모퉁이에 숨어 소리를 냈는데, 그게 먹혔어요. 집 안에 다른 사람이 있었는데도 무서운 느낌이 들었지만, 엄마가 그만하라고 해서서 계속하지는 않았던 기억이 나요."

이 생활양식은 자신과 다른 사람이 상처받기 때문에 결정하는 것을 두려워하는 의존적인 여성을 나타낸다. 그녀는 스스로 돌볼 수 없고, 다른 사람의 도움이 필요하다고 믿었다. 그녀는 '옳은 일을 하지 않는 것'을 두려워하는 종교적인 사람이었다. 그녀는 어머니와 자매

들과 무척 가까웠고, '남자들의 세상'에서 사는 것이 다소 어렵고 낯
설다고 느꼈다.

치료자는 모나를 더 잘 이해하기 위해 다른 질문으로 생활양식 정
보를 보완하여 모나가 사는 세계의 맥락에서 그녀를 이해하고 싶다는
의사를 전달했다.

치료자 당신을 제대로 알기 위해 제가 알아야 할 세 사람은 누구인가요?

모나 엄마는 확실해요. 책임감 있고, 사랑스럽고, 경청을 잘하고, 구
원받으셨어요.

치료자 '구원받았다'라는 것은 그녀가 신앙생활을 한다는 의미인가요?

모나 맞아요. 제 친구 완다(Wanda)도 선생님이 알아야 할 사람이에
요. 그녀는 구원받았고, 함께 대화하기 좋은 사람이며, 제 친구
글렌다(Glenda) 역시 구원받았고 대화하면 재미있는 사람이
에요.

치료자 당신에게는 신앙생활을 하는 것과 좋은 의사소통이 중요한 것
같아요.

모나 저는 하나님을 두려워하는 여성이고, 아시다시피 말하는 것
을 좋아해요.

치료자 맥스웰과의 결혼 생활에서 이 두 가지가 어떻게 작용했나요?

모나 그는 훌륭한 기독교 신자이고 교회에 다니지만, 너무 조용한
편이에요.

치료자 그렇다면 남편은 좋은 사람이고, 주로 당신이 이야기하도록 듣
는 편이네요?

모나 저는 그렇게 생각한 적이 없었는데, 맞는 말씀이네요.

치료자 남편이 이야기할 때, 모나는 잘 들어 주나요?

모나 너무 지루하고 아이들 외에는 공통 관심사가 없는데, 뭘 들어야 할까요?

치료자 이혼을 막는 건 무엇인가요?

모나 돈 문제예요. 변호사를 고용할 형편도 안 되고 무료 변호 신청 자격도 안 되고요. 함께 일하는 법률 파트너에게 도움을 구하기는 너무 부끄러워요.

치료자 돈 이외에 당신을 방해하는 것이 있나요?

모나 어머니와 몇몇 다른 자매들도 이혼했었기 때문에, 그게 가족의 문제는 아니에요. 전에도 말씀드렸지만, 저는 아이들에게 상처를 주고 싶지 않아요.

치료자 옳은 일을 하려고 노력하는 당신이 이혼을 어떻게 정당화할 수 있나요?

모나 그게 또 다른 문제인 것 같아요.

치료자 어떤 문제가 있나요?

모나 다른 사람에게는 문제가 아닌데, 저에게만 문제가 돼요. 이것은 제가 하고 싶지만 할 수 없는 일이에요.

치료자 이전에 당신은 좋은 결정을 내리지 못한다고 믿는 사람으로 묘사되는 초기 회상을 몇 가지 말씀해 주셨어요. 이혼이 당신에게 좋은 결정이 되는 이유는 무엇인가요? 당신의 삶은 어떻게 달라질까요?

모나 행복할 것 같아요.

치료자 어떤 이유로 행복할 것 같은가요?

모나 맥스웰 옆에 있을 필요가 없으니까요.

치료자 지금은 맥스웰 옆에 자주 있나요?

모나   사실 저는 그의 옆에 결코 있지 않으려고 노력해요.
치료자   그렇게 하면 행복하실까요?

이 질문을 통해 모나는 자신이 이기적인 언니처럼 행동하고 있으며, 남편이나 아들들의 최선의 이익은 생각하지 않는다는 것을 깨달았다. 그녀는 남자와 만족할 만한 관계를 유지하는 방법을 정말 몰랐다고 고백했다. 그녀의 연애는 모두 시작은 좋았으나, 곧 흐지부지되었고, 모든 연애가 서로 비슷한 것 같았으며 결국 그녀에게 불행감을 남겼다.

치료자는 모나에게 안전한 환경을 만들 수 있었다. 질문은 그녀가 자신의 결정, 가치관, 두려움, 동기를 살펴보는 데 도움이 되는 구조를 제공했다. 생활양식 정보는 모나의 계획과 결정에 수반된 몇 가지 잘못된 생각을 분리할 수 있게 했다. 모나는 자신의 이기적인 방식이 남편과 아들들에게 어떤 영향을 미치고 있는지 이해하는 데 중요한 통찰을 얻었다. 자신이 행복할 자격이 있다고 생각한다는 것은 남편과 아이들과 함께 가족으로서 이미 누리고 있는 행복을 인정하기보다는 다른 남자들과 술을 마시는 것을 의미했다.

모나는 남편에게 앞에서 언급한 대로 한 사람이 5분 동안 말을 끊지 않고 다른 사람의 말을 듣는 '일일 대화'를 할 것인지 물어보는 데 동의했다. 5분이 끝나면, 서로 역할을 바꾼다. 희망, 기쁨, 두려움, 슬픔 등 파트너가 알기를 원하는 모든 것에 대해 이야기를 나눈다. 두 사람은 서로 대답하지 않고 듣기만 하면 된다.

두 번째 회기에 모나는 점점 더 혼란스럽다고 보고했다. 그녀와 맥스웰은 세 차례 '일일 대화'를 했고, 남편이 실제로 경청할 만한 가치 있는 이야기를 많이 한다는 것을 알게 되었다고 말했다. 맥스웰은 자녀들과 육아에 대한 자신의 생각, 매일 무엇을 즐기고 왜 그런지, 그리고 모나와 하나님께 대한 감사에 대해 이야기했다.

그녀는 치료자가 자신의 삶을 더 복잡하고 혼란스럽게 만들지 않고 그냥 무엇을 해야 하는지 알려 주기를 바란다고 했다. 모나는 스스로 결정하는 것을 어려워했고, 그 결정이 효과적이지 않을 거라고 믿었다. 그녀는 전문가에게 의지하면서 전문가가 무엇을 해야 할지 말해 주기를 원했다.

치료자　　제가 어떻게 해야 하는지 말해 주기를 원하시는 것 같은데, 그렇게 한다면 당신이 나쁜 결정을 하는 것에 제가 동의한다는 뜻이 될 것 같네요.

모나　　　아니에요. 전혀 그렇게 생각하지 않아요.

치료자　　저는 당신이 했던 많은 좋은 결정에 대해 들었고, 당신이 올바른 결정을 할 수 있다고 믿습니다.

모나　　　제가 어떤 좋은 결정을 했었죠?

치료자　　우선, 당신은 도움을 요청하고 구할 수 있어요. 당신은 자원이 풍부하고, 학교에 다니고 있으며, 자녀들을 위해 좋은 집을 마련했어요. 당신은 자신을 성장시키기 위해 학교에 다니면서 직장 생활도 잘 유지하고 있어요. 당신은 신앙에 헌신적이며, 일관되게 가족의 삶에서 신앙을 중요한 요소로 삼고 있어요. 더 말씀드릴까요?

모나　　　요점을 정확하게 짚어 주셨어요.

치료자   그게 뭔데요?

모나   제가 나쁜 결정을 내린다고 생각했지만(미소), 실제로는 꽤 괜찮은 결정을 내리는 것 같아요.

치료자는 모나가 자신이 불행하다고 인식했음에도 불구하고 실제로는 독립적이고 성공적인 성인이 되었다는 것을 알도록 도움을 주었다. 그녀는 불행한 결혼 생활에 대한 자신의 역할을 이해했고, 부모님처럼 바람을 피우거나 이혼하는 것 이외에는 자신의 삶에 사랑을 회복할 방법을 몰랐다는 것을 깨닫기 시작했다. 그녀는 독실한 기독교 신앙과 양심이 있었지만, 그녀를 위로하기는커녕 오히려 '괴롭히는' 것 같았다. 그녀는 외도한 것과 맥스웰에게 경멸적으로 대한 것에 대한 죄책감을 느꼈고, 자신의 행동이 아들들에게 영향을 미칠까 봐 걱정했다.

치료자는 모나와 맥스웰에게 좋은 결혼 관계에 대한 모델이 없었기 때문에 부부 관계 향상 수업(marriage enrichment class)에 참석하면 도움이 될 것이라고 제안했다. 그들이 이혼하든 함께 살든 상관없이 성공적인 관계를 만들고 기술을 훈련할 수 있는 교육이 필요하다고 생각했다. 치료자는 모나에게 현명한 결혼과 행복한 가족 홈페이지(the Smart Marriages and Happy Families website, http://www.smartmarriages.com)를 살펴보고, 가능한 강좌를 찾아보라고 제안했는데, 그중 몇 강좌는 기독교에 기반을 둔 것이었다. 모나는 이 제안이 마음에 들었고, 맥스웰도 그럴 것이라고 확신했다. 치료자는 모나에게 훈련을 끝마치면 연락하라고 했다.

심리치료에 대한 서양식 접근법은 전통적으로 치료자와 함께하면서 변화가 일어나도록 정기적 또는 지속적인 만남을 처방해 왔다. 아들러와 동양식 접근법은 치료자가 함께하지 않고도 훈련하고 활동을 완료함으로써 배움이 일어날 수 있다고 믿는다. 모나는 자신을 이해하고, 삶의 문제에서 자신의 역할에 대해 책임감을 가질 수 있게 되었다. 관계, 사정, 통찰, 재정향의 네 단계에 따른 집중적인 구조화된 개입이 이루어졌다.

몇 달 후, 모나는 치료자에게 부부 관계 향상 수업을 끝마쳤다고 연락했다. 그녀는 아직 결정을 내리지는 않았지만, 맥스웰과의 관계가 훨씬 좋아졌고, 외도를 멈췄으며 더 이상 다른 남자를 만나지 않는다고 말했다. 그녀는 치료자에게 감사하고 싶고 다시 연락을 하겠지만, 적어도 지금은 새로운 관계 기술에 대한 연습을 계속해야 할 것 같다고 말했다.

이 짧은 사례에서 개인적인 참여와 의미 있는 사정의 힘이 생각, 감정, 행동에 대한 통찰과 변화를 이끌었다. 치료자는 적극적이고 지시적이었지만, 존중하고 평등하며 협력적인 관계 속에서 멘토링을 했다. 이 사례에서는 심리교육뿐만 아니라 격려, 재구조화, 질문 등 앞서 언급한 여러 전략이 활용되었다.

다음 장에서는 아들러 치료에 대해 어떤 평가가 있는지 논의하고, 핵심 이론적 개념에 대해 설명한다.

| 제5장 |

평가

마음을 따르되, 두뇌도 함께 가져가라.
— 알프레트 아들러

　이 장에서는 수많은 아들러 심리학 개념과 치료 접근법 자체를 뒷받침하는 증거를 검토할 것이다. 비록 아들러 접근법은 가장 오래된 심리치료 방법 중 하나이나, 다른 많은 현대적 모델과 비교하면 지금까지 경험적 기반이 다소 부족한 편이다. 많은 아들러 심리학 개념이 여러 모델(예: 인지 행동 치료, 현실 치료, 해결 중심 치료)에 반영되었기 때문에 다른 치료법에서 아들러 심리학의 아이디어를 널리 채택한 것은 아들러 모델에 대한 긍정적인 평가로 볼 수 있다. 또한 다른 접근법에 대한 긍정적인 평가는 아들러 접근법을 타당화하는 역할을 하기도 한다. 이러한 제안은 서로 다른 모델의 효과성을 구별하는 것이 크게 성공적이지 못했다는 사실에도 불구하고 제시되고 있다(Luborsky et al., 2002; Miller, Wampold, & Varhely, 2008). 또한 노크로스(Norcross, 2002)를 포함한 많은 연구자는 효과적으로 상담하는 상담자들이 이론적 지향과 관계없이 거의 동일한 작업을 한다는 것을 보여 주었다. 또한 아들러 접근법을 평가하는 다른 방법은 연역적 추론에 기반하여 해당 분야에서 성공한 아들러 상담자들의 작업을 검토하는 것이다(Westen, Novotny, & ThompsonBrenner, 2005). 이 접근법은 상담자가 더 잘 기능할 수 있도록 다양한 상황에서 아들러 심리학의 원리와 개입의 효과적인 적용에 대한 정보를 제공하는 데 도움이 된다(Whaley & Davis, 2007).

다음은 아들러 심리학의 일부 개념을 살펴보고, 현대 학자들이 아들러 심리학의 효과성(efficacy)과 현대 사회 및 임상 실제에 대한 적용(application)을 어떻게 평가했는지에 대해 논의한다.

격려

격려(encouragement)는 아들러 심리치료의 핵심이다. 아들러 치료자는 내담자를 아프다기보다는 낙담한 상태(즉, 변화할 수 있는 능력에 대한 동기와 믿음이 부족한 상태)로 개념화한다(Watts & Pietrzak, 2000). 따라서 낙담에 대한 해독제인 격려의 사용은 치료적 변화를 이끄는 데 매우 중요하다. 메인과 부너(Main & Boughner, 2011)가 지적했듯이, 격려는 치료 중 치료자의 정신(spirit)과 현존(presence)에 매우 중요하며, 내담자의 사회적 관심을 발달시키는 수단으로 작용한다(Ansbacher & Ansbacher, 1978). 또한 치료자에게 격려란 단순히 내담자에게 희망을 북돋우려는 수동적인 시도가 아니라 '개인, 아동, 가족에게 참여와 용기를 불어넣는' 수단이 되는 실행 가능한 접근법이다(Main & Boughner, 2011, p. 270).

격려 심리학에 대한 광범위한 조사를 통해 윙(Wong, 2015)은 아들러 접근법보다 더 명확하게 격려를 강조하는 접근법은 없다고 했다. 그는 격려에 대한 아들러 심리학 개념의 강점은 단지 행동을 수정하려고 노력하는 것보다 개인의 내적 자원, 강점, 동기를 형성하는 데 중점을 둔다고 평가했다. 이는 아들러 치료자가 행동 수정이 아니라 동기 수정에 관심이 있다는 드라이커스(Dreikurs, 1967)의 관점에 잘 나타난다. 윙은 격려에 관한 아들러 연구들이 전반적으로 일관성이 부족하다고 했다. 그는 아들러 학계에서 격려에 대한 다양한 의미가 있음을 관찰하고, 두 가지 주요 접근으로 요약했다. **격려**는 사회적 현상 또는 개인의 존재 방식을 의미한다. 첫 번째 의미에서, 윙은 격려를 다른 사람에게 영감을 주는 것(Sweeney, 2009), 비언어적 태도(Nikelly & Dinkmeyer, 1971), 그리고 많은 아들러 학자가 사용하는 보다 일반적인 정의인 "긍정적인 움직임을 향한 개인의 내적 자원과 용기의 발달을 촉진하는 과정"(Dinkmeyer & Losoncy, 1996, p. 7)으로 제시하면서 일관되지 않은 정의를 비판했다. 두 번째 의미는 격려가 주는 심리사회적 이점과 인간으로서 온전하게 기능한다는 개념에 초점을 맞춘 인본주의적 개념에 가깝다. 이러한 아이디어에 대한 연구는 자신에 대한 긍정적인 시각 및 경험에 대한 개방적 태도와 더욱 관련이 있다(Evans, Dedrick, & Epstein, 1997; Phelps, Tranakos-Howe, Dagley, & Lyn, 2001). 이는 에반스 등(Evans et al., 1997)이 제시한 격려의 네 가지 차원, 즉 (a) 자신에 대한 긍정적인 관점, (b) 다른 사람에 대한 긍정적인 관점, (c) 경험에 대한 개방성, (d) 타인에 대한 소속감에서 강조된다.

웡(Wong, 2015)은 심리학 분야 전반의 격려에 대한 폭넓은 사고를 바탕으로 아들러 심리학의 개념(예: 용기, 인내, 확신, 영감, 희망을 심어 주기 위한 긍정화에 초점)에 크게 의존하는 통합적 격려 심리학을 제안하기 위해 이전의 이론과 연구를 평가하고 통합하여 격려의 통합적 모델, 즉 삼자 격려 모델(the tripartite encouragement model: TEM)을 고안했다. TEM은 격려 과정의 세 가지 측면, 즉 초점(극복에 초점을 맞춘 도전 지향 또는 성장 극대화에 초점을 맞춘 잠재력 성취), 효과적인 격려의 특징(보다 과정 지향적, 신뢰할 수 있는 격려자, 신뢰할 수 있는 격려 메시지), 격려 수준(예: 대인 간 의사소통 행위, 품성 강점/특질, 생태학적 집단 규범)을 설명한다. TEM은 아직 실증적으로 입증되지 않았지만, 임상 실무에서 격려의 강력한 역할을 인정하고 상담 실제의 질을 높이기 위해 격려를 사용하기 위한 지침을 제공한다.

엑스타인과 쿡(Eckstein & Cooke, 2005)은 인종과 국적이 다양한 1,000명이 넘는 사람들로부터 수집한 격려 이야기에 대한 내용 분석을 기반으로 격려를 통해 영향을 미치는 7가지 구체적인 방법을 기술했다. 이 방법은 과거에 격려를 제공했던 사람들의 경험에서 도출된 것이다. 이러한 범주는 역할 모델링, 강점과 약점 파악하기, 장기적으로 일관성 있는 지원, 특별하고 열정적인 영감으로 사람을 바라보는 것, 상대방의 개인적이고 특별한 관심사 지지하기, 진로 선택 격려하기 등이었다. 그런 다음, 이러한 범주는 커플이 서로를 면담하는 데 사용할 수 있는 구조화된 면담 스케줄(structured interview schedule)로 개발되었다. 면담의 목적은 커플이 누구를 격려했는지, 누구에게 격려받았는지, 어떻게 격려받았는지 되돌아보고, 서로에게 격려의 원천이 되는 방법을 배우는 것이다. 엑스타인과 쿡은 이러한 7가지 격려 방법을 실행하고 성찰을 통해 과거 격려의 순간을 서로 다시 경험할 수 있는 기회를 제공함으로써 커플 사이에 더 강하고 긍정적인 유대가 형성될 수 있다고 제안했다.

격려는 다양한 집단에 적용되었다. 에반스(Evans, 1996)는 격려를 사용하여 교실을 변화시키는 방법을 살펴보았다. 그는 교실에서 세 가지 학교 프로그램과 격려를 통합하는 방식을 검토했다. 교사들은 종종 민주적 학교 혁신 원칙에 어긋나는 자극-반응 기법(stimulus-response techniques)에 대한 훈련을 받는다. 관계, 존중하는 대화, 집단 의사 결정을 우선시하는 격려 훈련은 교사가 교실을 운영하는 방식을 변화시켜 학생들이 더 참여하고 책임이 있으며 학업적으로 성공하는 결과를 얻을 수 있었다. 에반스는 다양한 방식(예: 편지, 학급 회의)을 통해 부모, 교사, 학급을 격려하는 것과 민주적인 교실 분위기를 조성하는 방법으로 보상과 처벌보다는 결과(consequences)의 개념을 사용하는 것이 중요하다고 했다. 다른 아들러 학자들은 학령기 아동에 대한 격려의 대인 관계 측면에 초점을 맞춰 왔다. 예를 들면, 칭찬과 격려의 차이에 관한 일련의 연구에 따르면 아이들은 교사의 칭찬보다 격려 사용을 더 호의적으로 평가하는 것으로 나타났다(Kelly & Daniels, 1997). 여학생들은 종종 남학생들보다 칭찬보다는 격려를 더 선호하는 것으로 나타났다(Pety, Kelly, & Kafafy, 1984). 또한 내적 통제 소재(internal locus of control)는 4학년과 6학년 학생에게 있어서 칭찬보다 격려를 선호하는 것과 상관이 있었다(Kelly, 2002).

뫼니에(Meunier, 1989)는 양로원에 거주하는 낙담한 노인을 대상으로 한 격려 집단 치료 활용에 대해 연구했다. 사회적으로 연결되지 않고 고립된 개인을 위한 치료의 한 형태로 격려 집단 치료의 역동을 조사했는데, 이 집단의 목적은 생애 과제를 다루는 데 사회적 관심을 개발하도록 격려하는 것이라고 했다. 중요한 것은 생애 과제를 해결하는 새롭고 고유한 방법을 찾는 문제를 노화의 진행 과정을 고려하여 발달적인 관점에서 다루었다는 것이다.

마지막으로, 로울스와 듀안(Rowles & Duan, 2012)은 아프리카계 미국인을 대상으로 인종 차별을 인식하는 상황에서의 격려를 조사했다. 연구 결과, 인식된 인종 차별과 격려 간 부적 관계가 있는 것으로 나타났다. 영성과 민족적 자부심은 격려를 정적으로 예측했다. 영성, 민족적 자부심, 인종적 사회화 역사를 회귀 방정식에 입력하면, 인식된 인종 차별과 격려 간 부적 관계가 사라졌다. 아프리카 중심 치료법(afrocentric therapies; Phillips, 1990; Williams, 2005)의 측면에서 아들러 심리학자들이 민족적 자부심과 영성 발달을 포함하는 문화적 격려를 반영해야 할 수도 있음을 시사한다.

사회적 관심

격려와 함께 사회적 관심은 아들러 치료의 핵심적인 이론적 개념

중 하나이다. **사회적 관심**은 타인의 복지에 대한 관심과 인간 공동체 내에서 소속감을 뜻한다(Ansbacher, 1992b). 아들러 이론에서 사회적 관심은 매우 중요하지만, 정의하기는 쉽지 않다(Bass, Curlette, Kern, & McWilliams, 2002). 어떤 사람(Stein & Edwards, 1998)은 사회적 관심이 정서적 · 인지적 · 행동적 수준에서 표현될 수 있다고 했다. 안스바허(Ansbacher, 1992b)는 사회적 관심의 두 가지 측면, 즉 사회적 유용성에 대한 내적 추구와 우리 주변 공동체와의 관계에 대한 외적 추구를 살펴봄으로써 아들러의 사회적 관심 개념을 더욱 구체화했다. 아들러(Adler, 1956)가 인생의 모든 실패는 낮은 사회적 관심과 관련되었다고 언급한 것처럼, 정신 건강 자체는 사회적 관심의 수준으로 측정할 수 있다. 따라서 사회적 관심은 행복(Bass et al., 2002), 삶의 만족도(Gilman, 2001), 공감적 관심(empathic concern; Watkins, & Blazina, 1994), 다른 사람과 공감하고 협력하며 공동체에 도움이 되는 방식으로 행동하는 능력(Daugherty, Murphy, & Paugh, 2001)에 대한 예측 변인으로 나타났다.

아들러가 강조했던 인생의 실패 중 하나는 물질 남용(substance abuse)이었다. 많은 연구(Chaplin & Orlofsky, 1991; Giordano & Cashwell, 2014; Lewis & Watts, 2004)에서 물질 남용과 사회적 관심 간 부적 관계가 나타났다. 지오다노와 캐시웰(Giordano & Cashwell, 2014)은 알코올과 마리화나를 남용한 대학생과 그렇지 않은 대학생 간 사회적 관심에 차이가 있다고 했다. 루이스와 와츠(Lewis & Watts, 2004)는 사회적 관심이 알코올 사용량을 예측할 수 있다고 했다. 모즈지어즈, 그린블라트와 머피(Mozdzierz, Greenblatt, & Murphy, 2007)는 물질 남용 치료를 받는 퇴역군인들의 사회적 관심을 조사한 결과, 사회적 관심이 낮은 퇴역군인들이 사회적 관심이 높은 퇴역군인들에 비해 알코올 및 물질 의존도가 더 높다고 했다. 지오다노, 클라크와 퍼터(Giordano, Clarke, & Furter, 2014)는 재발 예측과 관련하여 사회적 관심과 사회적 유대감을 연구한 결과, 사회적 관심과 사회적 유대감이 낮을수록 재발하는 일자가 더 짧다는 것을 예측했다. 그들은 치료에서 사회적 관심과 사회적 유대감을 높이는 데 초점을 맞춘 개입 노력이 재발 예방에 더 효과적일 수 있다고 제안했다.

다른 연구도 사회적 관심과 대처(coping) 간 관계를 탐구했다. 크랜달(Crandall, 1984)은 사회적 관심이 심리적 증상에 대한 스트레스의 영향을 줄이고, 스트레스 영향에 대한 저항력(resistance)을 제공할 수 있다는 점을 관찰하면서 사회적 관심이 개인적 적응과 관련이 있음을 발견했다. 리크와 윌리엄스(Leak & Williams, 1991)는 사회적 관심과 가족 관계 사이의 연결을 조사했는데, 사회적 관심이 더 높은 사람일수록 가족과의 연결감이 더 높고 개인적인 성장에 더 개방적이라는 결과를 도출했다. 그들은 사회적 관심이 '삶의 문제에 대한 적극적인 접근을 격려한다.'라고 결론지었다(p. 374). 컨, 그프로러, 서머스, 컬렛과 마테니(Kern, Gfroerer, Summers, Curlette, & Matheny, 1996)는 사회적 관심과 소속감이 성인이 인지하는 대처 자원과 관련이 있다고 했다. 청소년의 경우, 에드워즈, 그프로러, 플라워스와 휘태커(Edwards, Gfroerer, Flowers, & Whitaker, 2004)는 초등학생을 대상으로 사회적 관심과 대처 기술의 관계를 조사했다. 그들은 다양한 의도적 활동을 통해 아동의 사회적 관심을 높일 수 있으며, 이는 삶의 요구에 대처하는 능력에 영향을 미친다는 것을 밝혔다. 또한 이 연구는 사회적 관심과 소속감 사이의 상호 관계, 즉 사회적 관심이 높은 아동은 소속감을 느낀다는 것이다. 존슨, 스미스와 넬슨(Johnson, Smith, & Nelson, 2003)은 초기 성인기에 가족 응집력과 표현력이 높고 갈등 수준이 낮은 것은 성년기의 사회적 관심 발달을 예측한다고 했다. 가족 간의 친밀감에 만족하고, 가족의 따뜻함과 배려의 표현에 편안함을 느끼며, 서로를 비난하거나 다투지 않고 차이를 해결한 사람들은 성인이 되었을 때 가족 체계를 넘어 타인에 대한 돌봄과 이타심, 연결감을 보일 가능성이 높았다.

최근 사회적 관심을 조사한 국제적인 연구도 있다. 알리자데(Alizadeh, 2012)는 이슬람 문헌에서 사회적 관심의 존재를 논의했다. 알리자데는 공동체, 연합, 평등, 영성, 심지어 정신 건강 척도로서 사회적 관심과 이슬람의 여러 공통적인 면을 기술했다. 에르구너-테키날프와 테르지(Ergüner-Tekinalp & Terzi, 2014)는 튀르키예 표본을 대상으로 사회적 관심을 조사했다. 그 결과, 사회적 관심은 적극적인 계획, 외부 도움 구하기, 종교 귀화, 종교에 귀의, 수용/인지적 재구성 대처 유형과 유의미한 상관이 있는 것으로 나타났다. 특히 대처를 위해 외부의 도움을 구하는 개인은 사회적 관심이 더 높았으며, 그로 인해 회복력도 더 높았다. 사회적 관심은 심리적 강인함(hardiness)을 예측했으며, 이는 개인적 적응과 안녕에 중요한 함의가 있다. 김, 박과 호그(Kim, Park, & Hogge, 2015)는 활동성과 사회적 관심 모두 우울감 감소와 관련이 있다는 아들러의 관점이 한국 은퇴자의 우울감 감소와 관련이 있는지, 그리고 삶의 의미가 이러한 관계를 매개하는지를 연구했다. 연구 결과, 사회적 관심이 높을수록 우울 수준이 낮아지는 데 직접적인 상관이 있었다. 또한 삶의 의미는 활동성과 사회적 관심이 은퇴자의 우울 수준을 더 낮추는 데 연결되는 중요한 경로였다.

다른 학자들은 현대 사회의 변화에 따른 사회적 관심 증진이 갖는 유용성을 살펴보았다. 우첼로(Uccello, 2009)는 기업 업무 경험과 다양한 다문화 생활 경험을 바탕으로 사회적 관심을 매개 변인으로 기업 환경의 사회적 합리성을 탐구했다. 그녀는 글로벌 기업이 직원과 환경에 미치는 영향을 살펴보고, 사회적 관심을 발달시키는 것이 지속 가능한 기업 가치가 될 수 있음을 제안했다. 사회적 관심은 사회적 책임을 향한 노력을 지지하는 동시에, 직원들이 사회적 관심과 사회적 책임의 맥락에서 자신의 업무와 경력을 바라볼 수 있는 힘을 부여한다. 다른 두 논문에서는 기술 발전과 온라인 관계/커뮤니티와 관련된 사회적 관심을 고려했다. 클로즈(Close, 2015)는 인터넷이라는 가상 세계를 통해 내담자의 사회적 관심이 발전할 수 있는지 의문을 제기했다. 이러한 환경은 사회적으로 관심 있는 사고의 인지적 발달은 지원하지만, 실제 관계에서 치유의 역동으로 사회적 관심의 신체적 공동체 감각 차원(somatic communal-sense dimension)을 성장시키는 데는 어려움이 있을 수 있다. 해먼드(Hammond, 2015)는 온라인 지지 집단의 사회적 관심과 공감 관련 개념을 조사했다. 그녀는 온라인 사회화와 가상 환경에서의 공감 표현이 사회적 관심의 발달을 지지하는 동시에 내담자와 연결하고 내담자가 도움이 필요한 다른 사람들과 연결하고 지지할 수 있는 새로운 길을 제시할 수 있다고 했다. 온라인 집단은 사회적 관심을 발달할 수 있는 지지적인 상호작용을 위한 많은 창구를 제공한다.

일부 연구들은 다른 치료 접근법에서 사회적 관심을 찾아보았다. 맥브라이언(McBrien, 2004)은 용서의 심리학을 살펴보고, 용서와 사회적 관심의 관계에 주목했다. 아들러는 용서 개념과 관련된 문헌에서 거의 인용되지 않지만, 맥브라이언은 많은 연결점을 언급했다. 예를 들어, 사회적 관심의 우주적 차원(즉, 영적 형태)은 일부 기독교 용서 이론에 포함된 영적 차원을 이해하는 데 도움이 되며, 치료 목적으로서의 사회적 관심 개발이 용서 문제에도 적용된다는 것이다. 특히 아들러 심리치료에서 용서를 격려하는 것은 "내담자가 더 많은 이해를 얻고, 더 많은 연민을 갖고, 가해자에 대한 공감을 경험하려는 의지와 관련이 있다. 아들러의 말에 따르면, 이는 사회적 관심으로 살아가는 것을 의미한다."(McBrien, 2004, p. 115).

아들러 심리학이 강조하는 성장(growth)과 긍정 중심 심리학(positive-focused psychology)은 아들러 심리치료와 긍정심리학 분야 사이에 많은 연관성을 갖게 한다(Carlson, Watts, & Maniacci, 2006; Leak & Leak, 2006; Mozdzierz, 2015). 모즈지어즈(Mozdzierz, 2015)는 아들러의 원래 개념 중 다수(예: 사회적 관심, 격려, 의미의 중요성, 건강 및 성장에 대한 초점)의 작동 원리가 현재 긍정심리학 담론과 분명하게 관련되어 있음을 관찰했다. 모즈지어즈(Mozdzierz, 2015)가 "긍정심리학이란 무엇인가?"라는 수사학적 질문을 제시할 정도로 긍정심리학과 아들러의 연관성은 매우 분명하다. 이 질문에 아들러주의자들은 "다른 종류의 심리학이 있나요?"라고 대답할 것이다(p. 362). 리크와 리크는 긍정심리학과 사회적 관심을 통합했다. 아들러는 사회적 관심은 타인의 복지에 대한 진실하고 관대한 관심을 포함하며, 긍정적인 정신 건강에는 사회적 관심이 필요하다는 점을 발견했다. 리크와 리크(Leak & Leak, 2006)는 사회적 관심이 긍정심리학의 다양한 측면(예: 주관적인 안녕, 타인 중심 가치, 친사회적 도덕적 추론, 심리 사회적 성숙도)과 관련이 있다는 생각을 뒷받침하는 두 가지 연구를 수행했다. 그들은 사회적 관심이 긍정심리학에 의해 옹호되는 건강한 기능의 주요 측면(예: 가치, 특성, 동기)과는 정적 관련이 있으며, 부적응 기능과는 부적 관련이 있다는 것을 밝혔다. 그들은 긍정심리학에서 강조하는 다양한 특성의 범주에 사회적 관심이 포함될 수 있다고 결론지었다.

출생 순위

출생 순위(birth order)는 아들러 이론에서 가장 오래 지속되는 개념 중 하나이며, 아들러 이론적 관점으로 실무를 수행하는 전문가에게 지속적인 정보를 제공한다(Eckstein & Kaufman, 2012). 아들러 심리학자들은 출생 순위 연구를 활발히 진행하고 있다(Stewart, 2012). 최소 200여 건 이상의 경험적 연구에서 출생 순위 간 유의미한 차이가 있음이 밝혀졌다(Eckstein et al., 2010). 출생 순위 연구의 대부분은 가족의 조건(family conditions)과 개인의 안녕(well-being) 간의 관계를 더 잘 이해하기 위해 이루어졌다(Heiland, 2009). 방대한 연구에도 불구하고, 연구 전반에 걸친 방법론적 문제로 인해 일관성 없는 결과와 비

판이 제기되었다. 하트쇼른, 세일럼-하트쇼른과 하트쇼른(Hartshorne,
Salem-Hartshorne, & Hartshorne, 2009)은 주요 혼란 중 하나가 학문 간
출생 순위를 매기는 방법에 대한 합의나 규칙이 없다는 점을 지적했
다. 대부분 연구자는 아들러식 출생 순위 지정 방법(Mills & Mooney,
2013), 즉 맏이, 중간, 막내, 외동의 출생 순서 위치를 사용한다. 이러
한 분류는 각 위치를 다른 위치와 비교하여 미치는 영향을 구분할 수
있으므로 유용하다. "아들러는 항상 개인이 가족 내에서 스스로 인식
하는 위치에 더 중점을 두었습니다. 이는 자녀가 완성과 소속의 과제
에 접근하는 방식에 영향을 끼치기 때문입니다."(Stewart, 2012, p. 77)
라는 심리적 출생 순위를 활용하기도 한다. 아들러 접근법은 소유
(possession)가 아닌 사용(use)의 심리학이며, 심리적 출생 순위는 사
람들이 원래의 출생 위치에 따른 고정된 희생자가 아니라는 것을 반
영한다. 오히려 사람들은 자신이 가지고 있는 것과 가족 구도 내에서
출생 순위에 따라 어떻게 반응하는지를 통해 뭔가를 형성해 나간다.
엑스타인 등(Eckstein et al., 2010)은 아들러 심리학자들이 출생 순위
연구를 통해 가족의 일반적인 패턴을 이해하는 데 도움을 받지만, 성
격에 영향을 미치는 것은 일률적이지 않다는 점을 항상 염두에 둔다
고 언급했다. 아들러 심리학자들은 내담자의 출생 순위와 생활양식
경험을 유연하게 해석하기 때문에 이러한 최종 관찰은 명심해야 할
중요한 사항이다.

엑스타인 등(Eckstein et al., 2010)은 생활양식 특성을 설명하기 위해
출생 순위 특성에 대해 통계적으로 유의미한 결과가 발표된 200편의
논문을 검토했다. 이 연구들은 서열적 출생 순위 결과와 심리적 출생

순위 결과를 결합한 것이었지만, 저자들은 특정 출생 순위에 있는 사
람과 관련하여 몇 가지 공통된 특성을 발견했다. 연구 결과, 첫째 아
이는 높은 성공과 성취, 외동은 높은 성취 욕구, 중간 아이는 높은
사회성, 막내 아이는 높은 사회적 관심이라는 생활양식의 특성을 보
였다.

문화적 및 국제적 적용

이 책 전반에 걸쳐, 다양한 인간 경험을 설명하기 위해 아들러 이
론의 다문화적 측면과 접근법을 수정할 수 있는 방법을 강조했다. **문
화적으로 반응하는 치료**(culturally responsive therapies)는 평가 및 치료
전반에 걸쳐 내담자의 문화적 의미나 모델을 이해하고 반영하는 치료
이다(La Roche & Christopher, 2009; Whaley & Davis, 2007). 아들러 심리
치료의 핵심 측면 중 상당수는 효과적인 다문화 심리치료에 대한 권
장 사항과 일맥상통한다. 여기에는 평등하고 존중하며, 협력적인 상
담자-내담자 관계(치료적 동맹), 사회적 평등과 사회 정의에 둔 초점,
마음과 몸, 정신을 고려하는 총체적인 접근법, 가족, 사회, 문화적 맥
락에서 사람들을 맥락적으로 볼 필요성, 강점, 낙관주의, 격려, 임파
워먼트, 옹호 및 지원에 대한 강조 등을 들 수 있다.

아들러 심리학의 교육 원리와 심리치료의 실제를 전 세계 곳곳에
서 볼 수 있기 때문에 아들러 치료는 전 세계적으로도 널리 퍼져 있
다. 스페리와 칼슨(Sperry & Carlson, 2012a, 2012b)은 아들러 심리학에

대한 국제적 관점을 조사한 『개인심리학회지』(68권, 3~4호) 두 권을 편집했다. 이 논문들은 아들러 심리학의 원리와 실천이 여러 나라에서 확산하고 보급되는 과정을 소개했다. 중요하게도, 이 논문들은 대상 문화와 맥락에 맞게 아들러의 가치를 조정하고 조절하는 데 필요한 과정을 강조했다. 스페리와 칼슨(Sperry & Carlson, 2012b)은 아들러 개념의 세계적인 확산은 문화적 교류와 비슷하다고 했다. 즉, 아들러 이론이 문화적으로 어울리도록 선주민 국가 및 문화에 맞추기 위해 일부 국가에서는 동화되고 다른 국가에서는 적응되어 왔기 때문에 문화적으로 적합하다. 따라서 문화적 교류는 협상에 가깝다. 그들은 "(이론적) 구인(construct)의 의도(intent)를 잃지 않은 이러한 문화적 조절(cultural accommodations)은 아들러 접근법의 유연성과 생존력을 시사한다."(Sperry & Carlson, 2012b, p. 207)라고 덧붙였다. 특별 호에 실린 많은 연구는 이 책 전체와 이번 장에서 이미 언급되었지만, 국제적 적용을 강조하는 몇 가지 추가 연구를 검토하면 다음과 같다.

아들러 이론을 아시아에 적용한 여러 연구가 있다. 칼슨, 잉글러-칼슨과 에마바르다나(Carlson, Englar-Carlson, & Emavardhana, 2011, 2012)는 불교의 영향을 강조하면서 태국에 관해서 아들러의 개념을 검토했다. 그들은 삶과 건강에 대한 불교와 아들러 접근법 사이의 몇 가지 공통점을 강조했는데, 여기에는 모든 사람이 상호 연결되어 있다는 점, 사람은 지역사회, 문화, 가족 등에 영향을 미치고 영향을 받는다는 점, 두 접근법 모두 사람을 사회적 동물로 여기고 관계에 높은 가치를 둔다는 점이 포함된다. 두 접근법의 공통 주제는 공동체 추구(즉, 사회적 관심)와 조화가 행복과 건강을 가져온다는 것이다. 선과 비터(Sun & Bitter, 2012)는 중국과 한국 문화에서 아들러 심리학과 치료의 적용을 탐구했다. 개인-대인 관계 및 사회적 접촉에 대해 강조하는 집단주의 중국 문화의 측면은 개념적으로 아들러 이론과 유사하지만[예: 둘 다 인간의 성장은 자기 도취(self-absorption)에 빠지거나 자기중심적인 방식으로 사는 것이 아니라, 오히려 다른 사람과의 생산적인 참여를 통해 이루어진다고 주장함], 실제적인 실천에서는 서양과 중국의 기준이 다른 것으로 보인다. 아들러 심리치료와 중국 문화의 양립성은 인간 본성, 열등감과 열등감 콤플렉스, 출생 순위, 치료적 관계에 대한 관점과 관련해서도 강조되었다. 한국인에게 사회적 관심은 사회적 맥락에 따른 공감, 연민, 정서적 애착이 복합적으로 작용하는 **정**(情)과 유사하다. 사회적 관심 역시 정과 마찬가지로 인간관계를 유지하고, 타인에 대한 관심을 표현하는 데 핵심적인 역할을 한다. 선과 비터는 아들러 치료가 두 문화의 핵심 가치와 공통점이 많다는 결론을 내렸다.

브랙, 힐, 에드워즈, 그루트붐과 라시터(Brack, Hill, Edwards, Grootboom, & Lassiter, 2003)는 아들러 심리학의 원리가 남아공 학교의 심리사회적 문제를 해결하는 데 어떻게 사용되었는지를 검토했다. 이들은 남아프리카의 우분투(ubuntu) 철학과 관련하여 사회적 관심에 대해 논의했다. [**우분투**는 형제애, 인간성, 인간다움, 도덕성을 대표하는 삶의 철학으로, 아프리카 사회의 세계관의 역할을 하고 있다.] 특히 우분투는 한 사람이 다른 사람을 통해서만 사람이 될 수 있으므로 개인의 전체 존재는 집단의 존재와 관련이 있다는 개념을 장려한다. 이는 인간이 생존과 번영을 위해 집단으로 존재하는 선천적인 '사회적 존재'

라는 아들러의 개념과 유사하다. 학교 상담자는 수십 년간 지속된 인종 차별, 성차별, 계급 차별 정책과 관련된 남아프리카의 광범위한 문제를 다루기 위하여 아들러의 원리를 우분투와 통합했다. 공동체와 학교가 분열된 역사를 지닌 상황에서, 학생, 교직원, 그리고 지역사회 간에 우분투 정신과 사회적 관심을 키우는 것은 치유 과정을 시작하는 자연스러운 경로처럼 보였다.

아들러 치료 접근법

아들러 심리치료는 다른 형태의 심리치료처럼 심리치료 성과에 관한 강력한 증거 기반이 부족하다. 6장에서 이에 대해 좀 더 자세히 논의한다. 확실히 아들러 학자들은 이것을 미래 성장의 영역으로 보고 있다. 아들러 심리치료 핵심 역량에 대한 더 강력한 증거 기반을 개발하는 것이 필수적이지만, 스페리(Sperry, 2011)는 아들러 심리치료 이론 및 방법에는 필요한 많은 역량에 대한 지식과 기술 기반이 이미 충분히 포함되어 있다고 했다. 아들러 치료를 제공할 수 있는 방식은 여러 가지가 있다. 이러한 아들러 임상적 접근법 중 일부를 살펴보면 다음과 같다.

아들러 단기 치료(Adlerian brief therapy)의 형태는 이전에 개발되었다(Nicoll, Bitter, Christensen, & Hawes, 2000). 우드(Wood, 2003)는 아들러 심리치료를 20회 이하의 단기 치료 형태로 규정했다. 우드는 아들러 치료가 처음부터 시간에 민감했으며, 내담자의 강점과 내담자-치

료자 협력을 활용하여 긍정적인 변화를 신속하게 달성하는 목표 지향
적 치료와 같은 다른 단기 치료의 여러 특성을 공유한다고 언급했다.
순차적 단기 아들러 정신역동 심리치료(Sequential Brief Adlerian
Psychodynamic Psychotherapy: SB-APP; Ferrero, 2012)는 광범위한 호소
문제를 다루기 위해 순차적이고 반복 가능한 모듈 형태로 제공하는
또 다른 시간제한(40회기)을 둔 심리치료로 개발되었다. 이 치료는 각
각 다른 치료자가 참여하는 네 개의 반복 가능한 모듈이 포함되어 있
다는 특징이 있다. 페레로 등(Ferrero et al., 2007)은 6개월 이상 범불
안장애(GAD)를 겪고 있는 내담자에 대한 단기 아들러 정신역동 심리
치료(B-APP)의 효과를 (a) 약물 치료, (b) 약물 치료와 B-APP의 조
합의 효과와 비교했다. 그들은 B-APP가 단독으로 또는 약물 치료와
병행한 경우, 범불안장애 치료에 효과적인 개입이라는 것을 밝혔다.
연구 결과는 불안과 우울 증상이 모두 감소한 것으로 나타났으며, 이
러한 변화는 1년 후의 추적 관찰에서도 안정적이었다. 약물 치료와
B-APP를 병행하는 것이 가장 효과적인 치료법으로 밝혀졌지만, B-
APP를 받은 참가자는 1년 후에도 지속적인 약물 치료가 필요하지 않
았던 반면, 약물 치료만 받은 참가자는 1년 후에도 약물 치료가 필요
했다.

아들러 놀이치료(Adlerian play therapy: AdPT)는 초등학생을 대상으로
이론적 원리와 실제 적용을 설명하는 문헌을 풍부하게 보유하고 있는
잘 개발되고 매뉴얼화된 아동 상담 모델이다(Kottman, 2011; Kottman
& Ashby, 2015; Kottman & Meany-Walen, 2016). AdPT는 3대 놀이치
료 접근법 중 하나이다(Lambert et al., 2007). 미니-발렌, 브래튼과 코

트만(Meany-Walen, Bratton, & Kottman, 2014)은 수업에 방해가 되는 행동을 보이는 초등학생에 대한 AdPT의 효과적인 사용을 조사했다. 연구 결과, AdPT를 받은 아동들에게서 긍정적인 결과가 나타났는데, 아이들의 문제 행동이 유의미하게 감소했음을 교사와 외부 평가자 모두 관찰했다. 또한 교사들은 AdPT를 받는 학생들과의 관계에서 스트레스가 통계적으로 유의미하게 감소했다고 보고했다. 미니-발렌, 코트만, 블리스와 딜만 테일러(Meany-Walen, Kottman, Bullis, & Dillman Taylor, 2015)는 단일 사례 연구 설계를 사용하여 6명의 남학생의 교실 행동에 대한 AdPT의 효과를 측정했다. 그 결과, 개입 중과 개입 후에 아동의 행동이 개선된 것으로 나타나, AdPT가 아동의 외현화 교실 행동에 대한 유망한 개입임을 다시 한번 확인했다. 미니-발렌 등 (Meany-Walen et al., 2015)은 과제 외 행동을 해결하기 위해 집단 AdPT를 추가로 조사했다. 집단 형태로는 집단 놀이치료 개입 동안 과제 수행 행동이 개선되는 것으로 나타났으나, 장기 사정(assessment) 에서는 추후 관찰 기간 동안 혼합된 결과가 나타났다.

아들러 학파는 부모 교육 및 훈련 분야에 가장 큰 영향을 미쳤다. STEP(Dinkmeyer, McKay, & Dinkmeyer, 2008)과 적극적 부모 역할 (http://www.activeparenting.com) 모두 증거 기반 실제로 인정받고 있다. 두 프로그램 모두 국립 증거 기반 프로그램 및 실제 등록소 (http://www.samhsa.gov/nrepp)에 등재되어 있다.

요약

이 장에서는 아들러의 이론적 개념을 뒷받침하는 몇 가지 증거를 살펴보았다. 수많은 아들러의 치료적 개념 및 개입이 다른 접근법에서 채택되었기 때문에, 전반적으로 아들러 심리치료에 대한 긍정적인 평가가 이루어지고 있다고 생각한다. 또한 아들러 심리치료의 유용성은 이 접근법이 전 세계적으로 적용되고 있다는 점에서 입증되고 있다. 다음 장에서는 아들러 심리치료의 현재 상태를 비판하고, 아들러 이론의 미래가 어떻게 될 수 있는지를 살펴본다.

| 제6장 |

향후 발전을 위한 제안

개인심리학은 지나가던 사람이 마음에 드는 것은
무엇이든 가져갈 수 있는 과일 바구니와 같다.

— 필리스 바텀(Phyllis Bottome)

아들러 심리치료는 돌이켜 볼 만한 상당한 역사가 있다는 점에서
행운이다. 독자가 이전 장에서 확인할 수 있듯이, 아들러 심리치료는
알프레트 아들러의 직접적인 작업과 많은 관련이 있다. 아들러는 인
간의 발달과 성장에 대한 통찰이 있었고, 그의 아이디어는 심리치료
분야 전체에 걸쳐 지속적인 인상을 남겼다. 심리치료의 이론과 실제
에서 가장 영향력 있는 인물 중 다수는 아들러가 자신의 생각과 각
접근법의 개념적 발전에 어떻게 영향을 미쳤는지 언급했다[예: 앨버트
엘리스(Albert Ellis), 아론 벡(Aaron Beck), 윌리엄 글래서(William Glasser), 칼
로저스(Carl Rogers), 빅터 프랭클(Victor Frankl), 에이브러햄 매슬로(Abraham
Maslow), 롤로 메이(Rollo May); Carlson, Watts, & Maniacci, 2006].

　실제로 여러 다른 이론(예: 인간 중심, 현실 치료, 구성주의, 인지주의, 합리적 정서, 인지 행동, 통합주의, 가족; Carlson & Johnson, 2009)에서 아들러를 조부모라고 주장한다. 우리는 5장에서 아들러 접근법의 효과성(efficacy)을 지지하는 많은 증거를 아들러 학자들의 연구와 여러 다른 접근법에서 아들러 심리학의 개념을 광범위하게 채택하는 데서 찾을 수 있다는 것을 살펴보았다. 그런 의미에서 아들러 심리치료의 미래는 개념적 모델로서의 강점으로 인해 낙관적이다. 아들러 개인심리학의 기본 또는 필수 구성 요소가 수많은 현대적 접근법에 활용되어 왔기 때문에 심리치료 실제에 있어 아들러 심리학의 포괄적인 모델이 매우 적합할 것이 분명해 보인다. 그러나 모든 모델의 지속적인 과제 중 하나는 현대 사회와 문화, 그리고 심리치료 자체의 실제에서 현대적인 추세에 맞춰 계속 진화하고 성장하는 것이다. 아들러 치료자들이 지속적인 도전에 직면하는 곳은 후자, 즉 아들러 사상을 받아들이고, 실무자들 사이에서 접근법의 효과성을 지속적으로 향상시키는 것이다.

　이 장에서는 기존 아들러 접근법에 대한 비판을 통해 아들러 이론의 향후 발전 방향을 모색하는 기회로 삼고자 한다. 이 장의 초반부에는 아들러 심리학이 현재 직면한 강점과 도전 과제에 대한 우리의 생각을 살펴본다. 후반부에는 많은 저명한 아들러 학자를 초대하여 아들러 심리학의 미래 발전 방향에 대한 각자의 견해를 나눈다.

향후 고려 사항

아들러 접근법은 새롭지도 않고 극복할 수도 없는 몇 가지 지속적인 도전에 직면해 있다. 심리학 및 전문적인 심리치료 분야의 적법성은 일반적으로 고급 교육(주로 박사급)과 접근 방식을 검증하는 경험적 연구를 통해 얻어진다(Wampold, 2010). 여러 면에서 이런 경향은 계속 있었지만, 과학과 실제가 서로 얽혀 있는 지금은 어느 때보다 더욱 그렇다(Wampold & Imel, 2015). 이것이 나쁜 것은 아니지만, 아들러 치료자에게는 아들러 접근법을 적절히 유지하는 데 취약한 영역이다. 아들러 심리학자 중에서 박사 학위를 취득하고 심리치료에 대한 고급 훈련을 받은 사람은 거의 없다. 대부분의 아들러 치료자들은 다른 사람을 돕는 아들러 접근법에 매력을 느낀다. 아들러 접근법이 변화를 가져오려는(즉, 사회적 관심) 자신의 철학과 목적에 일치하기 때문이다. 그래서 이론이나 연구에는 관심이 적다. 많은 사람이 돕고 봉사하는 것을 원하는데, 직접적인 봉사 활동에는 석사 수준의 훈련만으로도 충분하다고 생각한다. 고급 훈련을 받았거나 박사 학위를 가진 소수의 아들러 심리학자들은 다른 사람들이 더 생산적인 삶을 영위하도록 돕는 기술을 일반인과 준전문가에게 교육하는 활동을 할 뿐, 심리치료에 대한 아들러 접근법을 발전시키는 데는 관여하지 않는다(Sperry, 2016a). 아들러 치료자들은 실제 사람들과 함께 일하고자 하는 욕구가 우선이라는 점에서 아들러, 심지어 드라이커스와도 여러 면에서 비슷하다. 이러한 모든 의도는 긍정적이지만, 이론적 증거 기반 실천을 촉진하고 연구하는 데 더 많은 투자를 하는 다른 접근법에 비해 아들러 접근법은 어려운 처지에 놓이게 되었다. 우리는 아들러 증거 기반 심리치료의 윤곽을 잡는다는 구체적인 목표를 가지고 아들러 심리치료에 대한 더 많은 조사, 연구, 학문이 필요하다고 생각한다.

아들러 심리학이 지닌 강력한 기초는 아들러 심리치료가 건전한 이론적 전망을 유지하는 데 도움이 된다. 전 세계에 아들러 심리학의 원리와 실제에 대해 미래의 임상가와 학자들을 교육하기 위해 함께 일하는 적극적인 아들러 학자들이 많다. 아들러 심리학의 원리와 임상 훈련에 전념하는 두 개의 기관은 아들러 대학교(Adler University)와 아들러 대학원(Adler Graduate School)이다. 두 개의 전문 단체로는 북미 아들러심리학회(North American Society of Adlerian Psychology: NASAP)와 국제개인심리학회(International Association of Individual Psychology)가 있으며, 전 세계의 아들러주의자들이 학문적 담론에 참여할 수 있도록 연차 대회와 훈련 과정을 운영한다. 『개인심리학회지』는 100년 이상 발간된 권위 있는 학술지로, 개인심리학의 연구와 실제에 공헌하고 있으며 앞으로도 수준 높은 논문 게재를 통해 아들러 운동의 위상을 높여 나갈 것이다. 이러한 모든 요소는 아들러 모델이 계속해서 성장하고, 아들러 학자들이 교육, 출판, 교류를 위한 출구를 갖도록 보장한다.

아들러 심리치료는 정신 건강 상담사들에게 인기가 있으며, 최근 자격이 개정되면서 그 수가 증가하고 있다. 학교 상담 분야에 아들러 사상이 잘 확립된 것도 놀라운 일이 아니다. 양육, 자문, 아동 발달, 발달적 생활 지도에 대한 아들러 학파의 실용적인 강조는 학교 상담자의 핵심 영역을 반영하기 때문에, 많은 학교 기반 치료자와 심리학자가 아들러 접근법에 기반을 두고 있다. 전문가 커뮤니티는 심리치료에서 대부분의 현대적 접근법이 신프로이트 학파(Neo-Freudian)가 아니라 신아들러 학파(Neo-Adlerian)라고 인식하고 있다. 현대의 접근법이 개발 과정에서 아들러의 전체 심리치료 중 가치 있는 부분을 사용함으로써, 아들러 사상이 현대 심리학적 사고와 치료에 있어 주류로 자리 잡게 되었다는 사실이 분명해지고 있다(Mosak & Maniacci, 1999; Mozdzierz & Krauss, 1996). 긍정심리학, 인지 행동 치료, 가족 치료, 해결 중심 치료, 다문화 치료, 사회적 정의, 페미니즘 치료 등이 모두 아들러 접근법의 일부를 자신의 핵심적인 특징으로 주장해 왔다. 아들러의 전체 접근법에서 이러한 접근법들의 핵심 구성 요소를 사용하는 것처럼 보이는데, 이는 실제로 이러한 접근법이 아들러의 원래 모델의 일부였기 때문이다. 이러한 주요 개념에는 관계의 중요성과 치료적 동맹, 치료자의 핵심 조건, 긍정심리학, 사회적 관심과 사회적 정의, 문화와 평등의 중요성, 인지의 중요성, 전체론, 원가족의 영향, 사회적 맥락의 중요성, 현상학 등이 포함된다.

아들러 접근법이 현대적인 실제에 특히 적합한 두 가지 영역은 내담자와 작업할 때 맥락과 문화를 고려한다는 점(Jones-Smith, 2012)과 성장 지향/강점 기반 관점이라는 점(Carlson et al., 2006; Sapp, 2006)이다. 아들러 학자들이 이러한 분야의 다른 전문가들과 전문적인 관계 및 학문적인 연결을 강화함으로써 이익을 얻을 수 있다는 것은 논리적으로 보인다. 긍정심리학 운동의 많은 측면은 특히 아들러 이론 및 치료와 일치한다. 예를 들면, 인간의 정상적인 성장과 발달에 대한 강조, 단순한 교정보다는 예방/교육, 의료적 모델 관점에 대한 의존

축소, 정신병리학 및 내담자의 장애보다는 정신 건강과 내담자의 강점, 자원, 능력에 대한 초점, 격려, 긍정적인 공감, 전체론, 복지, 다문화주의, 사회적 정의에 대한 강조 등이 있다(Ansbacher & Ansbacher, 1956; Carlson et al., 2006; King & Shelley, 2008; Mosak & Maniacci, 1999). 아들러 학자들(Carlson et al., 2006; Watts, 2000b)은 아들러 개념과 아들러 자신이 긍정심리학의 중요한 기초적 선구자임이 종종 간과된다고 지적하는 한편, 긍정심리학이 지난 15년 동안 강력한 경험적 기반을 구축하는 데 성공한 방식에서 교훈을 얻을 수 있다고 언급한다.

아들러 이론의 환경 내 개인, 사회문화적 체계, 문화/맥락에 대한 강조는 개인 및 문화적 정체성과 유산을 존중하는 방식으로 내담자를 이해하는 데 도움이 되며(Dagley, 2000; Perkins−Dock, 2005), 동시에 개인, 공동체, 문화적 집단에 대한 맥락적 영향력을 인식하는 데 도움이 된다(Dufrene, 2011). 심리치료는 내담자의 문화를 고려하고 이에 적응해야 하며(Smith, Rodríguez, & Bernal, 2011), 아들러 치료자들은 처음부터 내담자의 문화와 맥락적 요인을 통합하기 위해 노력해야 한다(Sperry, 2015). 또한 아들러 이론은 심리적 편차를 이해하기 위해 문화적으로 상대주의적인 입장을 허용한다. 따라서 아들러 이론은 **화병**(앞서 논의한 한국형 분노 증후군, 즉 분노와 기타 부정적 감정이 쌓이고 해결되지 않아 억압된 결과로 발생하는 것; Kim & Hogge, 2013)과 같은 문화적으로 특수한 증후군을 사례개념화하고 치료하는 데 특히 유용할 수 있다(Miranda & Fraser, 2002). 전체적으로 볼 때, 아들러 접근법은 다문화 상담의 현대적인 사례개념화에 큰 도움이 되며, 앞으로도 아들러 학파가 계속해서 다문화 상담 문헌에서 더 큰 비중을 차지할 것이라고 생각한다.

아들러 치료자들이 효과적인 다문화 실제의 옹호자가 될 것이라고 인정하는 이유는 이 모델이 사회적 관심과 사회적 정의를 강조하기 때문이다. 많은 심리치료자와 대학원생이 다양한 인구 집단에 다문화 및 옹호 역량을 갖춘 치료를 제공하기 위해 헌신해 왔으며, 이로 인해 다양성과 사회 정의 문제가 전면에 대두되고 있다(Ratts, Singh, Nassar McMillan, Butler, & McCullough, 2016; Rubel & Ratts, 2011). 다른 사람을 돕고 소속감을 느끼며, 집단 정신에 초점 둘 것을 강조하는 사회적 관심의 개념은 많은 문화의 전통적인 가치 체계와 잘 맞고 이를 뒷받침한다. 사회적 정의와 옹호는 시카고 소재 아들러 대학교 훈련 프로그램의 핵심이다. 모든 아들러 대학원생은 매년 자신들이 공부하고 있는 시카고와 밴쿠버의 경제적 어려움을 겪는 지역사회에서 지역사회 봉사 실습을 이수함으로써 사회적으로 책임 있는 실천가가 되고, '세상을 바꾸는' 일을 시작해야 한다. 아들러 대학교는 **사회적으로 책임감 있는 대학원생**이란 다양한 관점을 수용하고, 사회, 경제, 문화, 인종, 정치 체계 전반에 걸쳐 가교를 구축하고 유지하기 위해 노력하며, 다른 사람들이 공동의 문제를 파악하고 해결할 수 있도록 힘을 북돋우며, 지구촌 전체에 걸쳐 자비로운 행동을 통해 사회적 평등, 정의, 존중의 발전을 촉진하는 사람으로 정의하고 있다. 핵심 아이디어는 아들러의 **사회적 관심**의 개념, 즉 우리의 건강이 공동체 생활과 관계에 달려 있다는 생각이다. 아들러는 지역사회 내에서의 온전한 안녕(wellness)을 옹호했다. 그는 책임감 있는 상담자가 사람들의 건강과 안녕(well-being)에 영향을 미치는 사회적 조건을 변화시키기 위해 옹호해야 한다는 생각을 발전시켰다.

아들러 접근법은 미래로 이어 갈 수 있는 분명한 강점을 지니고 있지만, 우리는 아들러 심리치료가 미래 세계에 중요한 영향을 미치도록 무엇을 할 수 있는지에 대한 고민을 하고 있다. 우리는 교사들이 행하고 배운 많은 것(생활양식 시연 및 공개 포럼 회기 등)이 교육적 장치로서 가치가 있다는 것을 알고 있지만, 이러한 것들은 주류 심리치료 실무와 시장 자체가 요구하는 것을 반영하지 못할 수도 있다. 아들러 연구 대부분은 오늘날과는 관련이 없는 다른 시대의 임상적 실제를 반영하고 있다. 이는 초기 정신분석이나 헨리 스타인(Stein & Edwards, 1998)이 '고전적인 아들러 치료'라고 불렀던 것과 더 유사하다. 6~8회의 50분 회기로 내담자를 치료하는 간략한 모델을 개발하고 연구하는 데 더 많이 노력해야만 한다.

지금까지 우리가 제시한 미래 방향이 반드시 새로운 아이디어는 아니다. 저명한 아들러 학자들(Carlson, 1989, 2000; Huber, 1991; Sperry, 1991; Watkins, 1997)은 심리치료 역사에서 아들러 심리치료가 '화석이나 각주'가 될 것을 우려하여, 수십 년 동안 다른 아들러 학자들에게 '아들러를 넘어서'(Carlson, 1989) 나아갈 것을 촉구해 왔다(Carlson, 2000). 이러한 권고에는 현대적인 실제와 오늘날의 임상적/사회적 문제를 반영하기 위해 모델을 업데이트하는 것도 포함된다(Huber, 1991). 아들러 학자들은 아들러 치료자가 이전보다 줄었고 다른 접근법이 훨씬 더 인기가 있다는 것을 잘 알고 있기 때문에 이러한 유형의 선언이 이루어졌다. 또 다른 우려는 아들러 학자들이 아들러에게 너무 얽매여 있어, 아들러의 비전 이상으로 성장할 수 없다는 것이다. 카라수(Karasu, 1992: Watkins, 1997에서 재인용)는 좋은 이론은 닻 역할을 해야 하지만, 그것이 닻을 너무 내려서 익사하도록 해서는 안 된다고 지적했다. 왓킨스(Watkins)는 "때때로 우리는 닻을 올리고, 새로운 물길을 개척하거나, 시간이 지남에 따라 녹슬거나 변색된 것을 닦아 내야 할 필요가 있다."(p. 211)라고 덧붙였다. 칼슨(Carlson, 2000)은 이 개념을 바탕으로 다음과 같이 기술했다.

> 아들러 치료가 새천년에 번성하려면, 뛰어난 한 사람의 연구와 생각에만 국한되어서는 안 될 것이다. 아들러의 핵심 심리학 및 교육적 원리를 대표할 것이지만, 이를 이해할 뿐만 아니라 전 세계에 가르치기 위해 헌신하는 새로운 세대의 선구자에 의해 계속해서 확장되고 펼쳐져야 할 것이다(p. 4).

아들러주의자들에게 성공적인 미래란 아들러의 도구와 비전을 현대 사회와 심리 과학에 맞춰 진화하는 방식으로 계속 사용하는 것이다.

저명한 아들러 학자들이 미래 방향에 대해 성찰하다

아들러 치료의 미래에 대한 보다 포괄적인 관점을 갖고 미래 지향적 사고를 확장하기 위해, 우리는 아들러 심리학을 대표하는 현대 여러 학자들에게 생각과 아이디어를 요청했다. 각 기고자에게 아들러 심리치료의 미래에 대한 논평을 부탁했다.

심리학자이자 루돌프 드라이커스의 딸인 에바 드라이커스 퍼거슨 (Eva Dreikurs Ferguson)은 너무 많은 치료자가 즉각적인 증상과 완화에 초점을 맞추고 있다고 생각한다. 하지만 아들러 접근법은 '의미'와 '소속감'을 포함하는 장기적인 사회인지적 변화를 주장한다. 그녀는 아들러의 사회진화론적 강조가 심리치료의 미래에도 계속 번창할 것이라고 믿는다(Ferguson, 2015).

『개인심리학회지』의 편집자인 로이 컨(Roy Kern)은 아들러 심리학 분야의 저술가들과 연구자들이 이 분야에서 인정받는 다른 학술지에 논문을 게재할 필요가 있다고 생각한다. 평판이 좋은 다른 학술지로 게재가 확대되면 아들러 이론에 대해 더 많이 알게 되는 전문가의 수가 증가할 것이다. 또한 컨은 아들러의 아이디어를 가르치는 교수진의 수가 늘어나 다른 학생들을 격려할 수 있도록 해야 한다고 보았다. 대학에 기반을 두지 않으면, 아들러 이론은 심리학 역사에 각주로 남을 수밖에 없다. 끝으로, 아들러 학파가 아들러 이론의 가치를 상세히 설명할 수 있다 하더라도, 미래의 흐름은 증거 기반 치료 전략이다. 아들러 이론이 미래에 어떤 형태로든 영향을 미치려면, 경험에 기반한 연구가 더 많이 이루어져야만 한다. 아들러 이론의 적용과 관련된 도서, 논문, 학술 단행본이 있지만, 이론의 주요 구인을 뒷받침하는 실증적 연구가 턱없이 부족한 것은 사실이다(R. Kern, 개인적 대화, 2015년 7월 3일).

웨스턴 켄터키 대학교(Western Kentucky University) 교수이자 북미아들러심리학회(NASAP) 회장인 질 두바 사우어헤버(Jill Duba Sauerheber)

는 자격증이 있는 전문조력가들 중 점점 더 많은 수가 '이론적으로 순수'하지 않은 학위 프로그램을 이수하고 있다고 지적한다(J. Duba, 개인적 대화, 2015년 7월 5일). 이는 부분적으로는 다양한 학습 및 경험적 목표를 통합하는 교육과정을 요구하는 관련 전문 교육 표준 및 인증 지침에 기인한다. 이것은 아들러 심리학의 미래에 어떤 의미를 갖는가?

첫째, 다음 세대 아들러 상담자들이 다양한 상담 이론을 접한 후 상담에 임하게 될 것임을 의미한다. 이러한 지식 기반은 그들이 아들러 심리학에 더욱 깊이 빠져들게 할 수 있다(왜냐하면 그들은 다른 이론적 명제에 동의하지 않을 것이기 때문이다). 이는 다른 상담 이론의 교리가 그들의 아들러 심리학에 대한 지식과 적용을 어떻게 더하고 향상시킬 수 있는지를 이해하는 데 필요한 추진력을 제공할 수 있다.

둘째, 아들러 심리학자들은 정신 건강 전문가가 뇌가 정서, 사고, 생리적 기능을 조절하는 방법에 대한 지식을 어떻게 통합해야 하는지에 관한 연구가 점점 더 많이 나오고 있다는 점을 고려해야 한다. 예를 들어, 기억의 유동성과 기억의 변화에 관한 신경과학 분야의 브릿지와 보스(Bridge & Voss, 2014)의 연구는 초기 회상이 어떻게 작동하는지에 대한 아들러의 이론적 개념을 뒷받침한다. 많은 신규 정신 건강 전문가가 이러한 정보와 기타 새로운 연구 결과에 대한 브리핑을 받고 졸업하고 있다. 우리는 그들의 말을 주의 깊게 들어야 한다. 새로운 정보에 주의를 기울이고 이를 통합한다고 해서 우리가 덜 순수해지거나 우리의 뿌리를 배반한다는 의미는 아니다. 오히려 우리가 시간이 지남에 따라 수행된 연구와 조화를 이루고 있으며, 이를 아들러 심리학의 깊이와 뿌리에 더하고 있다는 의미이다. 2017년과 그 이후에도 중요한 자리를 차지하고자 한다면, 아들러 치료자들은 반드시 이를 실천해야 한다.

플로리다 애틀랜틱 대학교(Florida Atlantic University)의 렌 스페리(Len Sperry) 교수는 아들러 심리학자들이 아들러 접근법을 뒷받침하는 연구를 위해 노력해야 할 필요성에 대해 이야기한다. 증거 기반 실제(evidence-based practice)에서는 아들러 심리학에 기반한 STEP과 적극적 부모 역할 프로그램을 증거 기반 실제로 언급하지만, 아들러 치료법에 대한 별다른 언급은 없다. 그는 임상가에게 아들러 심리치료의 주요 매력은 유연하고 치료 개입에 대한 절충적 접근을 촉진한다는 점이라고 말한다. 일반적으로 이는 임상가들이 생활양식을 사정하는 아들러 방법을 매우 유용하게 여기면서도, 아들러 접근을 통해 임상가들이 다양한 치료 접근법 중에서 여러 개입 기법을 선택할 수 있게 해 준다는 점을 높이 평가함을 의미한다. 그러나 현재 증거 기반 실제의 시대에 이러한 긍정적 평가는 아들러 심리치료에 대한 일종의 짐이 되었다. 특히 아들러 심리치료는 사정(생활양식 사정: 가족 구도, 초기 회상, 생활양식 신념)에는 강하지만, 고유하고 명확하게 규정된 치료 접근법이 없으므로 중재에 대해서는 약하다(L. Sperry, 개인적 대화, 2015년 7월 6일).

다수의 현대 심리치료 접근법이 증거 기반 실제로 간주되지만, 아들러 심리치료는 그렇지 않다. 아들러 심리치료는 고유한 개입 방법을 명확하게 제시하거나 그 효과를 뒷받침할 설득력 있는 연구 결과를 제공하지도 않았기 때문에 증거 기반 접근 방식으로 여겨지지 않는다. 증거 기반 실제의 수요 증가에 따른 관련성과 일관성을 유지하려면, 아들러 심리치료의 이론과 실제가 확인 가능하고 고유한 개입 방법을 포함하도록 확장되어야 한다. 이를 위해, 스페리는 아들러 심리학자들이 개인의 부적응 생활양식 또는 패턴이라고 부르는 것을 변화시키는 데 직접적으로 초점을 맞춘 개입 방법을 치료자들에게 교육해 왔다. 이를 패턴 중심 심리치료(pattern-focused psychotherapy)라고 부르지만(Sperry, 2016b), 생활양식 중심 심리치료라고 부를 수도 있다. 아들러 심리치료의 미래는 이러한 중재 방법의 개발과 그 효과를 입증하는 연구에 달려 있다.

아들러 대학교 교수인 리 존슨-미갈스키(Leigh Johnson-Migalski)도 아들러 치료적 개입의 효과성에 관한 연구를 촉구한다. 그녀는 여성의 권리, 사람을 이해하기 위해 사회적 맥락에 초점을 맞출 필요성, 사람들 사이의 불평등에 대한 우려, 소속감, 건강, 중요성을 억압하는 시스템의 측면에서 아들러 이론의 상당 부분이 오늘날에도 혁신적이고 관련성이 있다고 지적한다. 그녀는 아들러의 남성성 추구(masculine protest) 개념을 하나의 패러다임으로 보고, 특권에 대한 체계적인 관점이 사람들이 주변화(marginalization)와 자기 개념을 어떻게 경험하는지에 영향을 미치며, 열등감을 증가시켜 다양한 보상 행동으로 이어지는 방식을 설명한다고 본다(L. Johnson-Migalski, 개인적 대화, 2015년 7월 9일).

임상 심리학자이자 전 NASAP 회장인 제임스 설리먼(James Sulliman)은 아들러 심리학의 미래를 고려하기 위해서는 미래 자체를 상상하는 것이 중요하다고 생각한다. 합리적으로 예측할 수 있는 많은 변화가 있겠지만, 과거와 현재로부터 추정해 보면, 심리학의 모든 이론적 방향에 영향을 미칠 두 가지 영역, 즉 (a) (대부분의 사람들이) 상상할 수 없는 기술의 발전과 (b) 개인적 가치 형성에 있어 종교적 신념의 영향력 감소가 예견된다(J. Sulliman, 개인적 대화, 2015년 7월 15일).

아들러 치료자들은 항상 미래를 염두에 두고 목적론적으로 접근해 왔으며, 장애물을 극복하고 더 나은 세상을 만들기 위한 변화를 환영하는 경우가 많다. 과학 기술과 관련해서는, 상상할 수 없는 잠재력을 지닌 이 도구, 즉 아들러 치료의 이점을 극대화하는 것이 과제가 될 것이다. 수술실에서 암을 제거하는 칼이 병원 뒷골목에서 환자가 차로 가는 길에 강도에게 목이 베이는 데 사용될 수도 있다. 아들러 학파에게 중요한 것은 우리가 마음대로 사용할 수 있는 재능이 아니라 그것을 어떻게 사용하는가, 즉 소유가 아니라 사용에 관한 것이다. 이는 현실 세계와 마찬가지로 점점 더 사람들이 많아지는 가상 세계에서도 마찬가지이다.

둘째, 교회의 신자 수와 활동 참여 보고서에서 알 수 있듯이, 조직화된 종교에서 벗어나는 움직임이 증가하고 있다. 세상이 더욱 세속화되고 '자기' 중심주의가 예외적이 아닌 일반적인 상황이 됨에 따라, 공동체를 발전시키는 가치, 타인의 복지에 관한 배려, 건강한 관계의 원칙은 어디에서 나올 수 있을까? 아들러는 인간관계에 관한 보편적인 진리로 간주되었던 종교의 본질적인 요소를 빌려 와서, 숙달 또는 '완성'을 위한 추구, 개인의 창조적 힘, 개인의 불가분성과, 행동은 '목적'적이며, 인간은 사회적 존재이고, 행동은 성장에 대한 공헌에 따라 유용하거나 쓸모없을 수도 있다는 점을 자신의 치료 모델에 포함시켰다. 오래전 그는 '사회적 관심'이 보편적으로 실천될 수만 있다면, '인류의 희망'이라고 선언했다. 알프레트 아들러가 100년 전 세계 통일을 위해 제시한 원칙은 시대를 초월하며 오늘날보다 미래에 더욱 필요할 것이다.

그렇다면 아들러 심리학의 미래는 밝다. 그 원리는 오랫동안 아들러를 실질적으로 거의 또는 전혀 인정하지 않는 다수의 이론에 자리잡고 있다. 이는 아들러 자신보다는 아들러 치료자들에게 더 실망스러울 수 있다. 아들러는 자신의 사상 중 일부가 한때 급진적으로 여겨졌던 것이 이제는 보편적으로 받아들여지는 것을 보고 틀림없이 기뻐했을 것이다.

조지아주에 거주하는 교수이자 임상가인 수전 벨랑지(Susan Belangee)는 과거에 아들러 학자들은 아들러의 아이디어를 사용하여 모든 증후군과 장애를 다루는 방법에 대해 글을 쓰고 강연하던 시절이 있었다고 회고했다. 그녀는 아들러가 공개 포럼 상담 시연을 통해 혁신적인 모델을 제공했음에도 불구하고, 요즘에는 '방법(how-to's)'에 관한 논문이나 워크숍을 많이 볼 수 없는 이유가 무엇인지 궁금해했다. 아마도 그것은 고민해야 할 사항일 것이다. 그녀는 아들러 이론과 기법을 성소수자(LGBTQ)인 내담자에게 사용하는 방법을 탐구하고 가르치는 것이 자신의 사명이라고 덧붙였다. 아들러 이론은 성적 지향과 관련하여 시간이 지남에 따라 변화했다. 아들러는 동성애를 명백한 신경증적인 것으로 보았는데, 나중에는 내담자의 성적 지향보다는 내담자가 행복하고 생산적인지 여부에 근거하여 보다 수용적인 입장으로 바뀌었다. '아들러를 넘어서자.'라는 요청에 귀를 기울인 벨랑지는 아들러가 남긴 부분을 발전시켜 현대적인 윤리적 실천 지침과 일치시키는 데 자신의 노력을 쏟고 있다고 생각한다. 이렇게 적응적으로 발전시키는 것은 아들러 이론이 생존하는 데 도움이 된다.

최근 수용 전념 치료(ACT)를 섭식 장애 치료에 활용하는 방법에 대한 교육 회기에서, 벨랑지는 "유인물의 여백에 사적 논리, 허구적 결정론, 기관 열등감, 생활양식 등의 단어를 적고 있는 자신을 발견했어요. 강연자가 수용 전념 치료의 기초와 전략에 대해 이야기하는 동안, 저는 제가 내담자와 협력해 온 방식이 꽤나 정당하다고 느꼈어요. 사실, 이미 머릿속에서는 논문 하나를 작업 중인데요. 아마 '수용 전념 치료는 어떻게 아들러를 확증하는가'라는 제목이 될 것 같아요." 라고 말했다(S. Belangee, 개인적 대화, 2015년 7월 25일).

아들러 대학교의 아들러 심리학 연구 및 실천 센터(the Center for Adlerian Practice and Scholarship) 소장인 제이 콜커(Jay Colker)는 드라이커스의 수직적 움직임과 수평적 움직임의 뚜렷한 경계에 대해 생각해 보았다. 그는 **수직적으로** 움직이는 사람은 개인의 우월성과 특권에 더 관심이 많다는 것을 관찰했다. 그들은 끊임없는 긴장, 두려움, 추락에 대한 불안, 어떻게든 '부족함(less than)'을 느끼며 살아간다. 그들은 타인 및 자신이 하는 비판에 취약하며, 실수하거나 결점을 드러내면 자신의 지위가 낮아지고 조롱과 굴욕, 충분하지 않다는 결론에 다다를 수 있다고 믿는다. 정반대로, 수평적으로의 움직임은 개인이 수용되고 가치 있다고 느끼며, 자신이 중요한 위치에 있다고 믿는다. 그들은 생애 과제에 전적으로 몰입하고 있으며, 세상에서 자신의 지위와 위치보다는 기여하고 가치를 더하는 데 더욱 중점을 둔다. 그들

은 자신을 잊고 자신이 충분히 좋은 사람인지 아닌지 여부를 내면적
으로 고민하기보다는 외부를 더 바라볼 수 있다. 이러한 방식으로 기
능하는 개인은 자신이 불완전하다는 사실을 받아들이고, 실수를 위협
이 아니라 성장과 발달의 자연스러운 일부로 여긴다. 그들은 드라이
커스가 이야기한 '불완전할 용기'를 가지고 있다.

콜커(Colker)는 오늘날 많은 문화에서 수직적으로 기능하려는 경향
이 있다고 믿는다. 어쩌면 이것은 '부족함'과 박탈감을 보상받으려는
노력일지도 모른다. 많은 사람이 다른 사람과 함께 일하려고 하기보
다는 다른 사람들보다 더 낫거나 적어도 동등해지기를 원한다. 아마
도 이것은 특권을 가진 개인이 최소한 상황과 자신의 역할에 대해 부
정하고 있거나, 최악의 경우 다수의 소수자에게 해를 끼치면서까지
적극적으로 권력을 유지하고 있다고 느끼는 것에서 비롯된 것일지도
모른다. 마치 우리가 또 다른 문화적 격변기를 겪고 있는 것 같다.
1950년대 드라이커스는 독재적 이상에서 민주적 이상으로 나아가는
움직임에 주목했다. 콜커는 아들러 심리학의 미래가 더 큰 공동체에
대한 소속감을 형성하는 데 달려 있다고 믿는다. 아들러주의자들은
사람들과 대화를 나누어 서로 존중하고, 자신보다 더 큰 목표에 함께
참여할 수 있는 방법을 찾아야 한다. 콜커는 이를 달성하는 최선의
방법은 확실하지 않지만, 아들러 심리학을 실천하는 사람들은 이 의
제를 발전시킬 의무가 있다고 생각한다(J. Colker, 개인적 대화, 2015년
7월 25일).

관련성을 유지하는 방법을 이해하기 위해 아들러 치료자들은 맥락
을 고려해야만 한다. 오늘날 개인이 직면하고 있는 문제는 경제 및

환경 문제, 문화적 맥락, 성별 문제, 세대 문제 등 다양하다. 인터넷은 참여(engagement)에 대해 완전히 다른 기대치를 형성하고 있다. 젊은이들은 세상을 공동으로 만들면서 동등한 대우를 받기를 원하며, 즉시 가치를 창출하는 일에 참여하기를 간절히 원한다. 이런 식으로 인정받지 못하면 불만을 품고 직장을 그만두거나 이직하는 경우가 많다. 콜커는 그들이 아들러 심리학을 떠나 더 포괄적인 것처럼 보이는 다른 방향을 추구하는 것을 원하지 않는다. 마지막으로, 콜커는 아들러나 드라이커스가 오늘날 살아 있었다면 위에서 언급한 상황적 요인으로 인해 그들의 아이디어를 어떻게 발전시켰을지 궁금해한다. 아들러주의자들은 과거에 드라이커스가 그랬던 것처럼, 오늘날의 도전에 대응하기 위해 사고를 진화시켜야 한다.

이스트 테네시 대학교(East Tennessee University)의 교수이자 NASAP의 차기 회장인 제임스 비터(James R. Bitter)는 알프레드 아들러가 처음으로 개인심리학 모델을 제안했을 때 아들러는 자신의 모델이 모든 사람과 성별, 다양한 문화, 그리고 사회경제적 스펙트럼 전반에 걸쳐 사용할 수 있는 포괄적인 접근법이 되길 의도했다고 말한다. 아들러는 자신의 모델을 개인뿐만 아니라 부부, 가족, 집단과 작업하는 데 사용했다. 이 포괄적인 모델은 효과적으로 생활하고 내담자와 작업하기 위한 원칙적인 지침으로서 치료적 현존, 목적론적 이해, 전체론적 사정, 공동체감/사회적 관심을 크게 강조했다. 그러나 아들러는 신경심리학, 생물학, 유전학, 그리고 스마트 폭탄(smart bomb)처럼 정밀하게 인간의 마음과 상호작용하는 약물 분야의 발전에 대해 알 수 없었다. 관리 의료 및 보험 기반 건강 관리가 부상하면서 증거 기반 실제에 대한 강조는 사람을 이해하고 삶을 재정향하도록 돕는 것보다 심리적 장애를 치료하는 데 더 중점을 두었다(J. Bitter, 개인적 대화, 2015년 8월 24일).

아들러 상담 및 심리치료의 미래는 아들러의 개념 및 실제를 전 세계의 다양한 정신 건강 서비스 제공 방식과 연결할 수 있는 실무자의 능력에 달려 있다. 국가마다 다르지만, 순전히 심리적 또는 사회심리학적 개입 체계를 위해 생물학적 논리를 무시하는 모델은 살아남지 못할 것이다. 모든 것이 함께 작동해야 한다. 비터는 이 다리를 놓는 데 앞장서고 있는 아들러 심리학자로 폴 라스무센(Paul Rasmussen)을 꼽는다. 폴은 전쟁 지역에서 신체적·심리적 상처를 입고 돌아온 군인들과 함께 일하는 임상 심리학자이다. 라스무센(Rasmussen, 2010)의 저서 『기분 좋음을 찾아 떠나는 여정(The Quest to Feel Good)』은 아들러 심리학자들의 필독서이다. **적응적 재정향 치료**(adaptive reorientation therapy)라고 불리는 그의 치료법은 밀런(Millon)의 진화 심리학, 아들러 심리학, 인지 치료가 혼합된 것이다. 이 모델은 사우스 캐롤라이나의 재향군인 관리 시스템에 공식적으로 완전히 도입되는 과정에 있으며, 향후 10~20년 동안 아들러 심리치료의 기초 역할을 하게 될, 또는 적어도 그래야만 하는 모델이다.

NASAP의 전 회장이자 샘 휴스턴 주립대학교(Sam Houston State University)의 교수인 리처드 와츠(Richard Watts)는 미래 학자들이 상담 및 심리치료의 핵심 아이디어의 기원을 철저히 조사할 때, 알프레드 아들러와 이후의 아들러 학자들의 선구적인 업적을 계속 발견하게 될 것이라고 말한다(R. Watts, 개인적 대화, 2015년 8월 11일). 아마도 다른 어떤 이론적 접근법보다 아들러 치료는 임상가가 '치료적 카멜레온' [아놀드 라자루스(Arnold Lazarus, 1997)가 최초로 명명함]이 될 수 있게 해 준다. 아들러 치료의 중요한 측면은 통합적 유연성이다. 아들러 치료 자는 내담자의 고유한 요구와 상황에 맞게 치료를 맞춤화한다. 아들 러 모델을 통해 임상가는 이론적 · 개념적 일관성을 유지하면서 기술 적으로 통합한다. 즉, 치료적 카멜레온이 된다. 심리치료 분야는 아 들러가 자신의 이론을 발전시키면서 내놓은 아이디어를 이제야 따라 잡고 있다. 따라서 상담 및 심리치료 분야가 발전함에 따라 아들러 심리학 및 실제는 계속 포함될 것이며, 상담 및 심리치료에 대한 아 들러 접근법에 대한 인정과 임상적 사용이 증가할 것이라고 와츠는 믿 는다.

아들러 대학교 임상 심리학자이자 교수인 로리 새켓-마니아치 (Laurie Sackett-Maniacci)는 정신 건강을 1차 진료(및 기타 의료 환경)에 통합하려는 움직임이 아들러 심리학을 활용할 수 있는 기회를 만든다 고 인식한다. 아들러 이론의 전체론적 접근 방식은 정신 건강과 신체 건강의 통합이 생물심리학적 모델에 더 가깝기 때문에 통합 운동과 확실히 일치한다. 이론적 측면과 활용적 측면 모두에서 볼 때, 아들 러주의자들에게는 자연스러운 발전일 것이다. 아들러주의자들은 오 랫동안 이러한 방식으로 건강과 질병을 개념화해 왔기 때문에 이 틀 (framework)에서 비롯된 개입을 명확하고 체계적으로 적용할 수 있 다. 통합 운동이 생물심리사회적 접근법에 의해 일어나는 만큼, 많은 통합적 접근법이 여전히 생물의학적 모델 내에서 작동하는 것으로 보 인다. (물론 이는 정신/행동 건강 서비스 제공의 대부분에 해당한다고 할 수 있다.) 이런 방식으로는 진정한 전체론적 접근법이 이루어지지 않으며 통합 치료의 사례개념화 및 치료적 개입이 모두 제한될 수 있다. 이러한 상황에서 아들러 이론은 이러한 '간극을 메우는' 역할을 계속할 수 있다. 아들러 심리학을 이러한 환경에 지속적으로 도입하고 엮어 내어, 그 유용성에 대한 연구를 수행하거나 나아가 진정한 전체론적 모델의 통합이 자리 잡을 수 있는 새로운 환경을 창출할 수 있다(L. Sackett-Maniacci, 개인적 대화, 2015년 8월 11일).

또 다른 중요한 개발 영역은 지속적인 증거 기반 치료 개입 및 증거 기반 실제의 사용을 강조한다. 아들러 기법에 대한 증거 기반 연구는 아들러 문헌에 존재하며 앞으로도 계속되어야 한다. 게다가 아들러 개입과 이론이 다른 증거 기반 체계와 어떻게 통합될 수 있는지 조사하는 연구도 계속되어야 한다. 이런 방식으로 우리는 바퀴를 재발명할 필요 없이, 아들러 치료법과 다른 치료법을 계속 결합할 수 있다. 예를 들어, 생활양식 사정은 인지 행동 접근법에서 볼 수 있는 핵심 신념과 심리도식을 식별하는 데 큰 기여를 할 수 있다. 자기 과제(예: 가장 친한 친구가 되는 법 배우기)나 사회적 관심을 기르기(예: 순간에 충실하거나 사랑의 친절 실천하기)를 목표로 마음 챙김을 활용하는 연구도 다른 예이다. 또 다른 아이디어는 특정 생활양식이 어떤 접근법에 더 적합할 수 있는지를 연구하는 것이다(예: 전통적인 인지 행동 치료 대 수용 전념 치료). 아들러 개념과 개입을 정량적으로 측정할 수 있는 경우에는 그렇게 하고, 측정이 어려운 경우에는 아들러 기법의 주관적인 질적 측면과 정량적 측면의 상호 작용에 대한 연구에 초점을 둘 수도 있다.

결론

이 장에서는 아들러 심리치료의 미래 방향을 살펴보았다. 아들러 접근법은 이론과 실제적인 아이디어가 풍부하지만, 아들러의 이론적 개념을 발전시키고 현대 심리치료의 요구에 부응하기 위해서는 더 많은 발전이 필요하다. 예를 들어, 많은 아들러주의자가 상담 성과에 훨씬 덜 집중했으며, 우리가 사용한 접근법의 효과성에 대한 일화적인 정보에 만족해 왔다. 아들러 학자들은 상담 작업과 사용된 개입에 관한 연구에 참여할 필요가 있다.

| 제7장 |

요약

사실을 바꿀 수는 없지만, 사실을 바라보는 방식을 바꿀 수는 있다.
충분히 열심히 바라본다면, 항상 덜 쓰라린 방법이 있다.

— 알프레트 아들러

아들러 치료는 가장 오래된 심리치료법 중 하나이다. 아들러 치료 모델이 오래되었음에도, 알프레트 아들러는 시대를 앞서갔다. 혁신적이고 효과적인 심리치료의 최전선에 있는 이론을 만드는 데 도움을 주었기 때문이다. 아들러 치료법의 핵심 구성 요소 중 많은 부분이 오늘날의 다른 주요 이론에 통합되어 왔다(Corey, 2016). 아들러는 유럽에서 엄청난 사회적 격변과 민족적·국가적 갈등을 겪던 시기에 자신의 접근법을 발달시켰다. 그는 자신 스스로도 주변화의 대상이 되어 그 경험을 직접 겪으면서, 인류를 통합하고 모든 사람이 함께 살 수 있는 건강한 방법을 격려하는 개념에 대한 접근 방식을 발전시켰다. 아들러는 긍정심리학의 분야를 예고하면서, 심리학자가 사람들의 강점과 자산에 초점을 맞춰 도와야 한다고 강조했다(Mozdzieriz, 2015). 게다가 아들러는 내담자의 주관적 관점이 가장 중요한 현실이라는 생각을 발전시켰다. 우리의 사고가 왜곡되면 타인과 자신을 좋아하지 못하고 만족스러운 일과 삶의 의미를 찾지 못하는 실수를 저지른다는 것을 이해했다. 아들러 심리치료의 가장 중요한 교리는 모든 사람이 사회적 세계에서 살아가며, 건강한 사람은 인류 전체를 위한 더 큰 이익에 기여하며, 각 사람은 고유한 방식으로 이를 고유한 방식으로 실천한다는 것이다.

핵심 개념

아들러 학파의 인간 행동 이해 방식은 생각하기, 느끼기, 행동하기, 체계적 접근을 통합한다. 이는 사람들이 이해받기 원하는 방식으로 사람들을 이해할 수 있는 완전한 접근 방식이다. 인간은 여러 요소 부분으로 쪼개어 나누어질 수 없는 존재이며 전체적으로 보아야 한다. 아들러 심리치료의 핵심 신념은 다음과 같다. 사람은 사회적 요인에 의해 동기화하며, 자신의 사고, 감정, 행동에 책임이 있고, 자기 삶의 창조자이며(무기력한 희생자가 아닌), 목적과 목표에 따라 움직이고, 과거보다 미래를 더 바라본다.

아들러 접근법의 기본적인 목표는 내담자가 자신, 타인, 인생에 대한 잘못된 신념을 파악하고 변화시켜, 사회 세계에 더 온전히 참여하도록 돕는 것이다. 내담자는 심리적으로 아픈 사람이 아니라 낙담한 사람으로 간주된다. 치료 과정은 개인이 자신의 패턴을 알아차리고 삶의 방식에서 근본적인 변화를 하도록 돕는 것이다. 이로써 느끼고 행동하는 방식에 변화를 가져올 수 있도록 돕는다. 아들러주의자들은 대부분의 삶의 패턴이 형성되는 환경이 가족이라는 점에 주목하여 각 개인의 가족 발달의 역할에 특별한 주의를 기울인다.

심리치료 자체는 내담자의 통찰을 실제 세계에서 행동으로 옮기도록 도전하게 하는 협력적인 모험(cooperative venture)으로 간주한다. 치료자는 사정, 심리교육, 상담 기술을 사용하여 내담자가 목표를 달성할 수 있도록 돕는 다양한 역할을 수행한다. 현대 아들러 이론은 인지적 · 구성주의적 · 실존주의적 · 정신역동적 · 체계적 관점을 결합한 통합적 접근으로 볼 수 있다. 이러한 공통된 특성에는 존중하는 내담자-치료자 관계를 수립하기, 내담자의 강점과 자원을 강조하기, 가족 분위기의 맥락에서 내담자를 이해하기, 낙관적이고 미래 지향적인 태도 유지하기가 포함된다.

아들러 학파는 사회적 맥락 내에서 사람을 이해하는 것의 중요성을 강조한다. 사람이 하는 모든 행동은 자신의 사회적 맥락과 관련되어 있기 때문에 다른 사람을 따로 분리하여 이해하는 것은 불가능하다. 또한 개인의 문화는 각 개인이 문화적 맥락 내에서 이해되어야 하는 규칙, 그리고 역할 및 전망을 만드는 데 도움이 된다. 이러한 이해에 따라 개입의 본질이 달라진다. 이러한 이해를 바탕으로 치료자는 다양한 수준에서 작업하여 지속적인 변화를 만들어 낼 수 있다. 이 접근법은 성별, 민족, 인종, 성적 지향에 관계없이, 모든 사람을 존중하는 접근법이다. 이 접근법은 진실로 민주적이고, 모든 사람이 평등하고 그러한 방식으로 대우받을 자격이 있다는 관점을 존중한다. 아들러주의자들은 사회 정의와 모든 사람의 권리를 옹호한다.

아들러 접근법의 강점 중 하나는 유연성과 통합성이다. 현대의 많은 심리치료 접근법이 한 가지 방식에 대한 강조를 통해 분류될 수 있는 반면, 아들러 모델은 전체적이며, 그 핵심에는 다양한 관계적 · 인지적 · 행동적 · 정서적 · 체계적 · 경험적 기법이 있다. 아들러 치료자는 다양한 설정과 형식으로 다양한 내담자에게 적용할 수 있는 많은 방법을 활용하면서 자원이 풍부하고, 유연하며, 기술적으로 절충적이다. 아들러 치료자는 내담자를 하나의 이론적 틀에 맞추는 데 초점을 두기보다는 내담자에게 가장 이익이 되는 일을 하는 데 관심을 기울인다(Carlson, Watts, & Maniacci, 2006; Watts & Pietrzak, 2000; Watts & Shulman, 2003).

단기 치료적 접근

아들러 접근법의 또 하나의 공헌은 단기적이고 시간제한이 있는 치료라는 점이다(Ferrero et al., 2007). 아들러는 시간이 제한된 치료를 최초로 제안했다(Ansbacher, 1972a; Nicoll, Bitter, Christensen, & Hawes, 2000; Slavik, Sperry, & Carlson, 2000; Sperry, 1989). 현대의 많은 단기 치료법에서 사용되는 기법들은 아들러 치료자들이 만들거나 이들이 일반적으로 사용하는 개입과 매우 유사하다(Carlson & Sperry, 2000; Carlson et al., 2006; Wood, 2003). 아들러 치료와 현대 단기 치료에는 공통적 특성이 수없이 많다. 즉, 강력한 치료적 동맹의 신속한 수립, 명확한 문제 초점과 목표 수립, 신속한 사정과 치료 적용, 적극적이고 지시적인 개입 강조, 심리교육적 초점, 현재 및 미래 지향, 내담자의 강점과 능력 초점, 변화에 대한 낙관적 기대, 치료를 내담자의 고유한 요구에 맞추는 시간 민감성 등이다(Carlson et al., 2006; Hoyt, 2009; Hoyt & Talmon, 2014; Slavik et al., 2000). 초기 회상은 내담자의 생활 양식과 기본적 오류를 빠르게 파악하는 데 도움이 되기 때문에 단기 치료에서 중요한 사정 개입이다(Mosak & Di Pietro, 2006). 초기 회상은 종종 치료 회기를 최소화하는 데 유용하다. 초기 회상 과정은 실시 및 해석에 그리 오랜 시간이 걸리지 않으며 내담자의 핵심 성격을 알아내는 데 명확한 방향을 제공한다.

비터와 니콜(Bitter & Nicoll, 2000)은 아들러 단기 치료의 통합적인 틀의 기초를 이루는 5개의 특성, 즉 시간제한, 초점, 상담자 지시성, 해결책으로서의 증상, 행동 과제의 부여를 확인했다. 치료에 시간제한을 둠으로써 내담자에게 단기간에 변화가 일어날 것이라는 기대를 전달한다. 회기 수가 정해지면, 내담자와 치료자 모두 바라는 성과에 초점을 두고 가능한 한 효율적으로 작업하도록 동기화한다(Wampold, 2010). 향후 회기가 진행될 것이라는 보장이 없기 때문에 단기 치료자는 다음과 같은 질문을 스스로에게 던지는 경향이 있다. "내가 이 사람의 삶에서 할 수 있는 회기가 단 한 번뿐이라면, 나는 무엇을 달성하기를 원하는가?"(p. 38)

현대 심리치료에 대한 아들러 접근법의 공헌

아들러 심리학은 다양한 상담 이론에 통합된 기본 가정을 바탕으로 현상학적 · 전체적 · 낙관적 · 사회적으로 내재된 이론이다(Maniacci, Sackett-Maniacci, & Mosak, 2014). 아들러의 가장 중요한 공헌 중 하나는 다른 치료 체계에 끼친 영향이었다. 프로이트가 종종 아들러의 중요성을 가리는 경우가 많지만, 현대 치료 실제에 대한 아들러의 공헌을 과소평가하기는 어렵다. 많은 면에서 현대 이론과 실제에 대한 아들러의 영향은 프로이트보다 크다. 아들러의 많은 아이디어는 혁명적이었고 시대를 앞서갔다.

심리학의 선구자들인 에이브러햄 매슬로(Abraham Maslow), 빅터 프랭클(Victor Frankl), 롤로 메이(Rollo May), 파울 바츨라비크(Paul Watzlawick), 카렌 호나이(Karen Horney), 에리히 프롬(Erich Fromm), 칼 로저스(Carl Rogers), 버지니아 사티어(Virginia Satir), 윌리엄 글래서(William Glasser), 아론 벡(Aaron Beck), 앨버트 엘리스(Albert Ellis)는 모두 아들러에게 빚을 졌다는 것을 인정했다.

아들러의 핵심 개념 중 다수는 다른 대부분의 심리학파에 적용되었다. 그중에는 실존적-인간주의 치료, 인지 행동 치료, 합리적 정서 행동 치료, 현실 치료, 해결 중심 단기 치료, 가족 치료 등이 포함된다. 많은 면에서 아들러는 인지 치료와 구성주의 치료의 현재 발전의 토대를 마련했다(Watts, 2003, 2012). 아들러 학파의 기본 전제는 내담자가 자신의 생각을 바꿀 수 있다면 감정과 행동이 변화할 수 있다는 것이다. 프랭클과 메이는 아들러를 실존주의 운동의 선구자로 보았다. 인간은 자유롭게 선택하고 자신이 한 일에 대해 전적으로 책임진다는 아들러의 입장 때문이다(Corey, 2016). 또한 이러한 관점은 그를 가치, 신념, 태도, 목표, 관심사, 개인적 의미, 현실에 대한 주관적 지각, 자기 실현의 추구 등 행동의 내적 결정 요인에 초점을 맞춘 심리학에 대한 주관적 접근법의 선구자로 만들었다.

아들러는 사람이 삶을 살아가는 데 있어 맥락의 역할과 사회정치적 요인의 역할에 대해 예리하게 인식하고 있었다. 그는 차별, 억압, 빈곤, 편견이 사람들의 정신과 정신 건강에 미치는 영향에 대해 글을 썼다. 비터(Bitter, 2008)와 비터 등(Bitter, Robertson, Healey, & Jones-Cole, 2009)은 아들러의 생각과 페미니스트 치료법 간의 연관성에 주목했다. 또한 아들러의 영향은 개인을 상담하는 것을 넘어서서 지역사회 정신 건강 운동(Ansbacher, 1972b), 아동 생활지도, 학교로 확장되었다.

현대 상담이론에 대한 연구에 따르면 아들러의 많은 개념이 다른 명칭으로, 그리고 종종 아들러의 공로를 인정하지 않고 현대적 접근방식에 다시 등장한 것으로 나타났다(Watts & Shulman, 2003). 희망, 용기, 만족, 행복, 안녕, 인내, 회복 탄력, 관용, 개인적 자원에 대한 연구가 증가하는 긍정심리학 운동의 출현이 그 한 예이다. 아들러는 긍정심리학이 치료 장면에 나타나기 훨씬 전부터 긍정심리학과 관련된 주요 주제들을 명확하게 다루었다(Watts, 2012). 아들러 이론과 대부분의 현대 이론, 특히 사람을 목적적이고, 자기 결정적이며, 성장을 추구하는 존재로 보는 이론 사이에는 상당한 연관성이 있음이 분명하다. 칼슨과 잉글러-칼슨(Carlson & Englar-Carlson, 2012)은 아들러 학자들이 현대 글로벌 사회의 요구에 부합하도록 그들의 접근 방식을 계속 발전시켜야 하는 과제에 직면해 있다고 주장했다. "아들러의 아이디어가 다른 이론적 접근에서는 살아 있지만, 독립된 접근법으로서 아들러 이론이 오랫동안 생존 가능한지는 의문이 있다."(p. 124). 많은 아들러 개념이 다른 모델에서 채택되기 때문에, 아들러 모델이 생존하고 번영하기 위해서는 그 고유성과 중요성을 위해 노력하는 방법을 찾을 필요가 있다.

아들러의 비전을 높이 평가하기

알프레트 아들러는 마틴 루서 킹 주니어(Martin Luther King, Jr.)처럼, 세상에 무엇이 잘못되었는지에 대한 악몽이 아니라 삶이 어떤 것이 될 수 있는지에 대한 꿈이 있었다. 그는 오늘날과 같지 않은 어려운 시대에 살았다. 아들러는 세상이 자기 파괴적인 길로 가고 있을 때(제1차 세계대전을 거쳐 제2차 세계대전에 이르기까지) 희망을 제시했다. 아들러는 모든 사람에게 더 나은 삶으로 이어질 구체적인 전략과 길을 제시했고, 그 덕분에 그는 큰 인기를 얻었다. 그는 언젠가 삶이 어떻게 될 수 있을지에 대한 긍정적인 비전을 가지고 있었다. 그는 성 불평등, 권력 차이, 빈곤, 무력감, 권리박탈, 사회적 및 관계 기술, 진정한 민주적 삶과 같은 사회의 더 큰 문제와 이슈를 다루었다. 1925년 9월 20일 자 『뉴욕타임스』 기사에서 실제 아들러의 모습을 어렴풋이 엿볼 수 있다.

개인심리학은 이미 개인에게 잠재된 힘을 결집시키고 있는 것처럼, 집단에 내재된 모든 선의 힘을 결집시킬 수 있다. 전쟁, 국가적 증오, 계급 투쟁 등 인류의 가장 큰 적들은 모두 집단의 극심한 열등감에서 벗어나거나 보상하려는 집단의 욕망에 뿌리를 두고 있다. 이러한 열등감의 나쁜 결과로부터 개인을 치료할 수 있는 개인심리학은 국가와 집단의 집단 열등감 콤플렉스의 위협을 없애는 가장 강력한 도구로 발달할 수 있을 것이다. …… 국가와 집단을 서로 적대적으로 만들게 하는 증오와 질투에 대해 내가 말한 것은 남녀 간의 격렬한 갈등에도 적용된다. 이러한 갈등은 사랑과 결혼에 독이 되며 여성에 대한 저평가로 인해 끊임없이 재생산된다(Bagger, 1925, p. 12).

아들러 자신은 자신의 이론적 접근법을 공식화하기보다는 다른 사람들에게 개인심리학의 기본 개념을 가르치는 데 더 집중했다. 그는 잘 정의되고 체계적인 이론을 정리하고 제시하기에 앞서 실행하고 가르치는 것을 중요하게 생각했다. 아들러는 뛰어난 이론가였지만, 학자는 아니었다. 따라서 그는 평생 동안 접근법을 공식화하는 방법인 학문적 채널과 조직을 통해 자신의 접근법을 발전시킬 수 없었다(Engel, 2008). 결과적으로, 그의 저작물은 이해하기 어려운 경우가 많으며, 그중 대부분은 그가 행한 강의의 녹취록이다. 그러나 아들러의 세계적인 영향력은 전례가 없었다. 안타깝게도 그는 임상 작업, 시연 및 교육을 통해 가능한 한 많은 사람을 돕는 일에 점차 바쁘게 되어, 자신의 저술을 번역한 사람들의 작업에 주의를 기울이지 못했다(Maniacci, 2012). 시간이 지남에 따라, 루돌프 드라이커스, 하인츠 안스바허와 로웨나 안스바허, 돈 딩크마이어, 해럴드 모삭, 밈 퓨, 버나드 슐만, 밥 파워스, 제인 그리피스, 에드나 내시, 만포드 손스테가르드, 존 칼슨, 주디 서더랜드, 줄리아 양, 렌 스페리, 제임스 비터, 베티 루 베트너, 마이클 마니아치, 에바 퍼거슨 드라이커스, 리 존슨—미갈스키, 테리 코트만, 로이 컨, 수전 벨랑지, 리처드 와츠, 마리온 발라, 메리 프랜시스 슈나이더와 같은 저명한 아들러 학자들이 아들러의 아이디어와 비전을 더 일관성 있는 심리치료법으로 구체화하는 데 도움을 주었다.

마치면서

아들러 모델은 내담자의 배경과 제시하는 호소 문제에 따라 거의 카멜레온처럼 보인다. 아들러가 현대의 심리치료법에 분명히 영향을 주었음에도 불구하고, 일부는 다음과 같이 묻는다. "그래서? 아들러 치료가 오늘날에도 유용해?"(Watts, 2000b). 이 질문에 대한 우리의 대답은 인간 행동에 대한 아들러의 원래 접근법의 많은 부분이 다른 접근법에서 차용되었고, 실제로는 현대 정신 건강 서비스 및 지원의 제공 방식을 대표한다는 점을 인식하자는 것이다. 더 많은 치료자가 효과가 있어 보이는 부분적 혹은 단편적이 아닌 전체적 접근법을 사용한다면 심리치료 서비스가 얼마나 더 효과적일 수 있을지 궁금하다. 사정부터 개념화, 치료, 종료에 이르기까지 아들러의 비전을 활용한다면, 더욱 깊고 더 영향력 있는 심리치료 서비스의 제공으로 이어질 수 있을 것이다.

아들러 심리치료는 심리교육적이고, 현재—미래 지향적이고, 시간 제한적(단기적)인 접근법이다. 게다가 아들러 치료는 이론적으로 일관 성이 있음에도 불구하고 통합적이고 절충적이며, 인지적 관점과 체계 적 관점을 명확하게 통합하고 있으며 포스트모던 접근법과도 명확하 게 맞아떨어진다(Watts, 200b). 여러분이 이 책에 실린 일부 아이디어 에 대해 혼란스럽거나 확신이 들지 않더라도 안심하라. "APA 심리치 료 시리즈"의 다른 이론들에서 이 개념들이 다시 등장하여 더 발전된 형태로 다뤄지고 있음을 보게 될 것이다. 아들러 심리치료는 최초의 진정한 통합적인 조력 체계였을 뿐만 아니라 심리치료의 진정한 전체 론적 통합 체계 중 하나로 남아 있다.

● 부록: 생활양식 질문 목록 ●

지시문*

다음은 형제자매 목록입니다. 첫째부터 시작합니다.

	나이
1. 형/오빠	17
2. 누나/언니	14
3. 나(남성)	12
4. 남동생	8
5. 여동생	6

1(형/오빠)로 시작하여 5(막내)로 끝나는 내림차순으로 번호가 매겨져 있음에 유의합니다. 이 번호는 특정 항목에 대해 형제자매를 평정하는 데 사용될 것입니다.

---

* 로이 컨 제작
  당신이 외동이라면, 이 질문지를 작성하지 않아도 됩니다.

예시:

집안일 돕기

최상 _2_   상 _3_   중 ___   하 _1_   최하 _5_

이 예시에서는 누나(2)가 집안일을 가장 많이 돕습니다. 나(3)는 누나만큼 많이 돕지는 않습니다. 그러나 형(1)과 여동생(5)보다는 더 많이 돕습니다.

이것은 검사가 아닙니다. 맞고 틀린 답이 없습니다. 필요한 만큼 시간을 충분히 갖고 최대한 공정하게 답하세요.

1부로 넘어갑니다. 페이지 맨 위쪽에 첫째부터 시작하여 형제자매의 목록을 적습니다. 나이도 각각 적습니다. 자신은 '나'라고 표기합니다. 성별도 적습니다.

1부

지시된 대로 형제자매 목록을 만듭니다.

나이 나이

1. .... 4. ....
2. .... 5. ....
3. .... 6. ....

출생 순위 번호(1, 2, 3 …)를 이용하여 각 가족 구성원을 다음 제시된 특성에 따라 평정합니다. 당신이 12세 때를 기억해서 작성합니다.

지능	최상 __ 상 __ 중 __ 하 __ 최하 __
가장 열심히 공부한 사람	최상 __ 상 __ 중 __ 하 __ 최하 __
성적이 가장 좋은 사람	최상 __ 상 __ 중 __ 하 __ 최하 __
집안일 돕기	최상 __ 상 __ 중 __ 하 __ 최하 __
순종적인	최상 __ 상 __ 중 __ 하 __ 최하 __
반항적인	최상 __ 상 __ 중 __ 하 __ 최하 __
비위를 잘 맞추는	최상 __ 상 __ 중 __ 하 __ 최하 __
타인에 대해 비난하는	최상 __ 상 __ 중 __ 하 __ 최하 __
이해심 있는	최상 __ 상 __ 중 __ 하 __ 최하 __
이기적인	최상 __ 상 __ 중 __ 하 __ 최하 __
자기 멋대로 하는	최상 __ 상 __ 중 __ 하 __ 최하 __
예민한–쉽게 상처받는	최상 __ 상 __ 중 __ 하 __ 최하 __
심하게 짜증 부리기	최상 __ 상 __ 중 __ 하 __ 최하 __
포부 수준이 가장 높은	최상 __ 상 __ 중 __ 하 __ 최하 __

물질주의적인   최상 __ 상 __ 중 __ 하 __ 최하 __

탁월하려는 욕망   최상 __ 상 __ 중 __ 하 __ 최하 __

착한 행동   최상 __ 상 __ 중 __ 하 __ 최하 __

운동을 잘하는   최상 __ 상 __ 중 __ 하 __ 최하 __

버릇없는   최상 __ 상 __ 중 __ 하 __ 최하 __

주로 벌을 받은   최상 __ 상 __ 중 __ 하 __ 최하 __

2부

다음 질문에 계속 번호를 사용하여 답하세요. 빈칸에 간단한 설명을 추가해도 됩니다.

1. 형제자매 중 자신과 가장 다른 사람은 누구인가요? ....
   어떻게 다른가요?

   ─────────────────────────────────
   ─────────────────────────────────
   ─────────────────────────────────

2. 당신과 가장 비슷한 사람은 누구인가요? ....
   어떻게 비슷한가요?

   ─────────────────────────────────
   ─────────────────────────────────
   ─────────────────────────────────

3. 친구가 가장 많은 사람은 누구인가요? ....
4. 아버지는 누구를 가장 좋아하나요? ....
5. 어머니는 누구를 가장 좋아하나요? ....
6. 가장 많이 싸우고 다투는 두 사람은 누구인가요? ....
7. 가장 함께 잘 노는 두 사람은 누구인가요? ....
8. 아버지는 어떤 분이신가요?

   ─────────────────────────────────
   ─────────────────────────────────
   ─────────────────────────────────

9. 어머니는 어떤 분이신가요? _____
   _____
   _____
   _____

10. 당신은 누구를 가장 많이 닮았나요? _____
    어떤 면에서 그런가요?
    _____
    _____
    _____

3부

자신에 대해 간략히 기술합니다.

_____
_____
_____
_____
_____
_____
_____

4부

가장 어렸을 때의 기억을 떠올려 보세요. 8세 이전의 서로 다른 기억을 3개 정도 떠올려 봅니다. 가능한 한 자세히 기록합니다. 자신이 했던 **반응**과 **감정**을 포함해서 기록합니다. 이 기억은 가족 중 누군가가 당신에게 알려 준 정보가 아니라 자신이 기억하는 내용이어야 합니다.

> **예시:** 5세 때 형을 바닥에 내동댕이쳤던 기억이 나요. 내가 강하고 자랑스럽고 힘세다고 느꼈어요.

초기 회상 1:

초기 회상 2:

초기 회상 3:

가족 구도(family constellation): 전형적으로 형제자매, 부모, 다른 중요 인물, 이웃과 지역사회를 포함하는 한 개인에 대한 초기 발달의 영향이다. 출생 순위와 형제자매와 부모 관계에 영향을 미치는 가족 구성원의 성격 특성을 강조한다. 가족 구도는 생활양식을 결정하는 데 도움이 된다.

격려(encouragement): 치료 관계를 형성하고 내담자의 변화를 촉진하는 치료 기법이다. 격려는 내담자가 현재 모습 있는 그대로 자신의 가치를 느끼도록 돕는 과정이다. 치료자가 내담자에게 그리고 내담자를 위하여 사회적 관심을 보일 때 나타난다. 격려는 생애 과제에 직면할 용기를 높이는 데 도움이 된다.

기본적 오류(basic mistakes): 지각, 태도, 신념을 포함하는 생활양식 중 자기 파괴적인 측면을 뜻한다. 한때는 유용했을지 모르지만 이후 행동에 부정적인 영향을 미치는 경우가 종종 있다. 기본적 오류에는 자기 가치를 부정하기, 과잉 일반화, 잘못된 가치관, 달성 불가능한 목표 설정, 과장된 안전 요구, 힘 추구 욕구, 타인 회피하기 등이 있다.

낙담(discouragement): 용기가 부족함을 뜻한다. 유용하고 건설적인 방법으로 자신이 소속되어 있지 않다고 느낄 때 격려와 반대되는 개념이다.

사적 논리(private logic): 어린 시절에 형성되어 깊이 자리 잡은 개인의 신념이나 구성 개념을 이루는 아이디어를 뜻한다.

사회적 관심(social interest): 타인의 이익에 대한 관심을 뜻한다. 현재뿐만 아니라 앞으로 다가올 세대를 위한 동료 의식, 책임감, 공동체 의식을 나타내는 행동과 태도이다.

생애 과제(life task): 아들러는 원래 인생을 살면서 경험하는 주요한 도전거리를 대표하는 세 가지 보편적인 과제(일, 사랑, 공동체)를 규정했다. 효과적으로 기능하기 위해서는 이 세 가지 과제를 모두 해결해야 한다.

생애 목표(life goals): 자신이 선택한 것으로서 다른 사람에게 유익하며 타인에게 방해가 되지 않는 목표를 뜻한다. 예를 들면, 다른 사람보다 더 나은 사람이 되기보다는 어떤 일을 훌륭하게 수행하려고 노력하는 것이다.

생활양식(lifestyle): 사람들이 세상에서 자신의 자리를 찾기 위해 가지는 태도와 신념을 뜻한다. 어떻게 소속할 것인지에 대한 지침이 된다.

열등감(inferiority): 주관적이고 보편적이며 판단적인 결핍감 또는 평가를 뜻한다. 종종 어린 시절에 발달하며 '부족함'을 극복하기 위해 우월성을 추구하는 기초가 된다.

열등감 콤플렉스(inferiority complex): 주관적 신념이나 열등감이 행동으로 나타나는 것이다. 이는 보통 다른 사람만큼 자신이 훌륭하지 않다는 강력하고 과장된 느낌이다.

자기 개념(self-concept): 개인이 자신에 대해 가지고 있는 모든 신념과 태도의 총합을 뜻한다. 두 개의 문장 중 하나로 완성될 수 있다. "나는 ＿＿＿이다." 또는 "나는 ＿＿＿이 아니다." 예를 들면, 다음과 같다. "나는 승리자다." "나는 크다." "나는 학습이 느리다." 종종 돌보는 사람들과의 상호작용이나 실제 삶의 경험을 통해 배운다.

자기 이상(self-ideal): 세상과 사람들에 대한 이상적인 개념을 뜻한다. 자기 이상은 개인이 자신에 대해 가지고 있는 신념과 태도를 포함하며, 다음 두 문장 중 하나로 표현될 수 있다. "소속하기 위하여, 나는 ＿＿＿해야 한다." 또는 "나의 입지를 찾기 위하여 나는 ＿＿＿하지 않아야 한다."

잘못된 논리(faulty logic): 사회적 관심에 반하는 신념을 뜻한다. 개인에게 고유하고, 유용하고, 건설적인 소속감을 촉진하지 않는 신념이다.

잘못된 목표(mistaken goals): 사회적 관심에 반하는 것과 같이 타인에게 해로운 목표를 뜻한다. 예를 들면, 다른 사람에게 도움이 되는 것보다, 다른 사람보다 더 잘하고 싶어 하는 것이다.

전체론(holism): 개인이 삶을 살아가는 방식과 개인의 모든 부분이 서로 어떻게 조화를 이루는지에 초점을 맞춰 한 개인을 통합된 존재로 이해한다.

초기 회상(early recollections): 8세 이전에 일어났던 개인이 회상할 수 있는 단일 사건을 뜻한다. 시각화할 수 있어야 하고, (빈약하더라도) 이야기가 있어야 하며, 그와 관련된 감정과 생생하게 드러나는 부분이 있어야 한다.

추천 문헌과 자원

아들러 전문 기관

북미아들러심리학회(North American Society of Adlerian Psychology: NASAP)는 개인심리학의 심리학적 철학적 이론의 증진을 위한 미국의 주요 기관이다. NASAP은 1952년에 설립되었고, 교육, 심리학, 정신의학, 상담, 사회사업, 목회, 사업, 가족 교육 분야의 다양한 전문가 회원을 보유하고 있다.

NASAP

429 E. Dupont Road # 276, Ft. Wayne, IN 46825

http://www.alfredadler.org

전문 학술지

『개인심리학회지(Journal of Individual Pyschology)』는 NASAP의 정기 간행물이며, 이전에 발행된 두 학술지인 『개인심리학자(The Individual Psychologist)』와 『개인심리학(Individual Psychology)』이 자연스럽게 통합된 것이다. 아들러 심리학의 실제, 원리 및 이론적 발달을 위한 최고의 학문적 포럼으로서 『개인심리학회지』는 또한 아들러 심리학적 방법의 실제와 적용과 관련된 기법, 기술 및 전략을 다루고 있다 (http://www.utexas.edu/utpress/journals/jip.html 참조)

학술지는 NASAP 또는 텍사스 대학교 출판부에서 이용할 수 있다.

P.O. Box 7819

Austin, TX 78713-7819

1-800-252-3206

http://www.utpress.utexas.edu/

『아들러 심리학자의 담화(Dialoghi Adleriani)』는 이탈리아 밀라노의 알프레트 아들러 연구소에서 매년 두 번 발간하는 온라인 학술지이다. 2014년에 편집장인 지우세페 페리그노(Giuseppe Ferrigno)가 창립했다. 이 학술지는 조력 전문가를 위하여 만들어졌고 영어와 이탈리아어로 된 광범위하고 다양한 논문을 제공한다. 출판물은 전자 형식이고 무료이다. 출판물은 아들러주의자뿐만 아니라 '담화'를 장려하는 것을 목표로 하는 다른 이론도 환영한다. [온라인(http://www.scuolaadleriana.it/index.php/rivista)에 'Archivo riviste'라고 입력하면 지난 호도 얻을 수 있다.]

ADLERPEDIA(아들러 온라인 백과사전)

AdlerPedia는 시카고 아들러 대학교의 제이 콜커와 존 칼슨이 만든 아들러의 모든 것을 위한 종합 웹사이트(http://www.adler.org)이다. AdlerPedia는 누구나 제한 없이 이용할 수 있다. 정의, 논문, 스트리밍 가능한 동영상, 유인물 등 80개 이상의 기본 아들러 개념에 관한 정보를 접할 수 있다. 다른 전문가에게 연락하여 실무 분야별로 토론에 참여할 수 있다. 학생들과 여러 다른 사람이 제공한 사례에 대한 사례개념화 자료와 동영상 토의가 있다. 아들러가 현대 심리학의 여러 철학에 미친 영향에 관하여 배울 수 있다. 많은 선구자뿐만 아니라 현대의 아들러 학자들에 관한 문헌을 읽을 수 있다. 또한 아들러 학자들과 관련된 부가적인 자료를 접할 수 있다. 마지막으로 아들러 관련 기관과 사업체에 연결할 수 있다.

아들러 학파의 연감

1996년부터 매년 영국아들러학회는 개인심리학과 관련한 주제별 에세이를 모아 연감을 발간하고 있다. 각 호는 영국, 캐나다, 이스라엘, 스위스, 미국의 기고자들이 쓴 다양한 범위의 실무 기반, 이론적, 역사적 공헌 등에 관한 내용을 제공하는 것을 목표로 한다. 연감 및 기타 출판물은 온라인에서 확인할 수 있다(http://www.adleriansociety.co.uk/).

아들러 대학교와 훈련센터

NASAP은 58개의 아들러 단체와 연구소 목록을 가지고 있다(http://www.alfredadler.org/links 참조).

아들러 대학교는 시카고와 밴쿠버에 캠퍼스가 있는데, 공인된 석사 및 박사 학위 프로그램을 제공한다.

Adler University
17 North Dearborn Steet
Chicago, IL 60602
312-662-4000

Adler University
1090 W. Georgia Street
Suite 1200
Vancouver, BC V6E 3V7
604-482-5510
http://www.adler.edu

아들러 대학원은 미네아폴리스에 있는데, 공인된 석사 학위 프로
그램을 제공한다.

Adler Graduate School

1550 E. 78th Street, Minneapolis, MN 55423

612-861-7554

http://www.alfredadler.edu

추천 도서

Ansbacher, H. L., & Ansbacher, R. R. (Eds.). (1956). *The individual psychology of Alfred Adler: A systematic presentation in selections from his writings.* New York, NY: Harper Torchbooks.
이 문헌은 아들러가 집필한 저술의 주요 원천이었다. 편집자들의 코멘트는 아들러의 이론과 실제를 이해하는 데 큰 도움이 된다.

Carlson, J. D., & Maniacci, M. (2012). *Alfred Adler revisited.* New York, NY: Routledge.
아들러의 가장 중요한 저술 중 일부는 오늘날의 많은 주요 아들러 학자 및 상담자가 현대적 맥락에 맞게 재구성한 것이다.

Carlson, J. D., & Slavik, S. (1997). *Techniques in Adlerian psychology.* Philadelphia, PA: Taylor and Francis.
『개인심리학회지』에서 발간된 논문 중 기법과 실제에 초점을 맞춘 논문을 모은 것이다.

Carlson, J. D., Watts, R. E., & Maniacci, M. (2005). *Adlerian psychotherapy.* Washington, DC: American Psychological Association.
아들러 접근법에 대해 추가적으로 자세한 내용을 제공하는 현대 아들러 심리치료에 관한 중요한 책이다.

Clark, A. J. (2002). *Early recollections: Theory and practice of counseling and psychotherapy.* New York, NY: Routledge.
초기 회상을 시행하고 해석하는 방법에 대한 자세한 지침을 제공한다.

Dinkmeyer, D., Jr., Carlson, J. D., & Michel, R. (2016). *Consultation: Creating school based interventions* (3rd ed.). New York, NY: Routledge.
아들러 심리학을 활용하여 교사, 학부모, 학교와 효과적으로 협력하는 방법에 대한 책이다.

Dinkmeyer, D., Jr., & Sperry, L. (2000). *Counseling and psychotherapy: An integrated, individual psychology approach.* Columbus, OH: Merrill.
아들러 상담 및 심리치료에 관한 좋은 기초 교재이다.

Dreikurs, R., & Stoltz, V. (1964). *Children: The challenge.* New York, NY: Hawthorn.
육아 및 자녀 양육에 대한 아들러의 관점을 다룬 고전적인 교재이다.

Hoffman, E. (1994). *The drive for self: Alfred Adler and the founding of individual psychology.* Reading, MA: Addison Wesley.
알프레트 아들러의 생애를 다룬 최고의 전기이다.

Hooper, A., & Holford, J. (1998). *Adler for beginners.* New York, NY: Writers and Readers.
알프레트 아들러의 생애와 공헌에 대한 재미있고 읽기 쉬운 입문서로, 그래픽과 만화를 사용하여 이론을 설명하고 있다.

Kottman, T., & Meany-Walen, K. (2016). *Partners play: An Adlerian approach to play therapy* (3rd ed.). Alexandria, VA: American Counseling Association.
아들러 기법을 놀이치료에 통합하는 방법에 관한 책이다.

Manaster, G. J., & Corsini, R. J. (1982). *Individual psychology: Theory and practice.* Chicago, IL: Adler School of Professional Psychology.
개인심리학에 대한 교과서이다.

Mosak, H., & Maniacci, M. (1999). *A primer of Adlerian psychology: The analytic-behavioral-cognitive psychology of Alfred Adler.* New York, NY: Brunner-Routledge.
아들러 심리학의 '뼈와 살'과 같은 핵심 사항에 대한 좋은 자료이다.

Mosak, H. H., & Di Pietro, R. (2006). *Early recollections: Interpretative method and application.* New York, NY: Routledge.
중요한 아들러식 투사 절차인 초기 회상 사용 방법에 대한 종합적인 교과

서이다.

Powers, R. L., & Griffith, J. (2012). *The key to psychotherapy: Understanding the self-created individual* (2nd ed.). Port Townsend, WA: Adlerian Associates.
아들러 심리치료 방법을 설명하는 매뉴얼이다.

Slavik, S., & Carlson, J. D. (2005). *Readings in the theory of Adlerian psychology*. New York, NY: Routledge.
아들러 심리학 이론을 발전시킨 주요 논문이 수록된 기본서이다.

Sonstegard, M. A., Bitter, J. R., & Pelonis, P. (2004). *Adlerian group counseling and therapy: Step-by-step*. New York, NY: Routledge.
아들러식 집단 치료 과정을 배우기 위한 실용적인 가이드북이다.

Sperry, L., Carlson, J. D., Sauerheber, J., & Sperry, J. (2015). *Psychopathology and psychotherapy: DSM-5 diagnosis, case conceptualization, and treatment* (3rd ed.). New York, NY: Routledge.
아들러의 관점에서 DSM-5 장애를 치료하는 방법을 제시한다.

시연 동영상

Alexander Street Press. (Producer). (2003). *Brief integrative Adlerian couples therapy* [DVD]. http://search.alexanderstreet.com/preview/work/1778761?ssotoken=anonymous
존 칼슨 박사가 분노와 학대 문제가 있는 부부와 함께 작업하는 내용을 담고 있다.

Allyn & Bacon. (Producer). (1998). *Adlerian family therapy* (Series: Family therapy with the experts) [DVD]. http://www.psychotherapy.net/video/adlerian-family-therapy
제임스 비터 박사가 어머니, 아버지, 세 명의 어린 자녀와 함께 아들러 가족 치료를 시연한다.

Allyn & Bacon. (Producer). (1998). A*dlerian psychotherapy* (Series: Psychotherapy with the experts) [DVD]. http://www.psychotherapy.net/video/adlerian-therapy

비디오에서 존 칼슨 박사는 이혼과 과도한 책임감으로 어려움을 겪고 있는 아프리카계 미국인 여성과 함께 일하고 있다.

Allyn & Bacon. (Producer). (2002). *Adlerian parent consultation* (Series: Child therapy with the experts) [DVD]. http://www.psychotherapy.net/video/adlerian-parent-consultation

이 비디오에서 존 칼슨 박사는 미혼모를 대상으로 한 부모 자문을 위한 개별 회기와 부모 집단 자문의 예시를 제공하고 있다.

Allyn & Bacon. (Producer). (2002). *Adlerian play therapy* (Series: Child therapy with the experts) [DVD]. http://www.psychotherapy.net/video/adlerian-play-therapy

테리 코트만 박사가 4세 남아를 대상으로 아들러 놀이치료를 시연하고 있다.

American Psychological Association. (Producer). (2005). *Adlerian therapy* (Series I: Systems of psychotherapy) [DVD]. http://www.apa.org/pubs/videos/4310721.aspx

존 칼슨 박사가 완벽주의 문제가 있는 한 청년과 함께 작업하는 회기인데, 45분간의 짧은 회기 안에서 중요한 변화가 일어났다.

American Psychological Association. (Producer). (2006). *Psychotherapy over time* (Series VIII: Psychotherapy in six sessions) [DVD]. http://www.apa.org/pubs/videos/4310745.aspx

이 시연에서 존 칼슨 박사는 30세 여성과 6회에 걸쳐 외상 후 스트레스 장애, 우울증, 약물 남용, 불안 및 성격 장애 문제를 다루기 위해 협력한다.

데이터베이스

해럴드 모삭 박사와 버디 모삭(Birdie Mosak) 박사가 아들러 심리학에 대한 종합적인 참고문헌 목록을 만들었다(http://www.adlerbiblio.com/).

아들러 디지털화 프로젝트(The Adlerian Digitization Project)는 『개인심리학회지』 『개인심리학자』 및 기타 구하기 어려운 서적과 학술지의 초기 호 전문을 디지털 사본으로 제공하기 위해 만들어졌다(http://www.adlerjournals.com/).

· 참고문헌 ·

Adler, A. (1917). *Study of organ inferiority and its psychical compensation: A contribution to clinical medicine.* http://dx.doi.org/10.1037/10734-000

Adler, A. (1927a). The cause and prevention of neuroses. *Journal of Mental Science, 73,* 1-8.

Adler, A. (1927b). *The practice and theory of individual psychology.* New York, NY: Harcourt Brace.

Adler, A. (1927c). *Understanding human nature.* Garden City, NY: Garden City.

Adler, A. (1929). Advice for the consultant. *Internationale Zeitschrift fur Individualpsychologie, 7,* 202-203.

Adler, A. (1935). What is neurosis? *International Journal of Individual Psychology, 1,* 9-17.

Adler, A. (1938). *Social interest: A challenge to mankind.* London, England: Faber and Faber.

Adler, A. (1956). Organ dialect. In H. L. Ansbacher & R. R. Ansbacher (Eds.), *The individual psychology of Alfred Adler: A systematic presentation in selections from his writings* (pp. 222-227). New York, NY: Basic Books.

Adler, A. (1979). *Superiority and social interest: A collection of later writings* (3rd ed.) New York, NY: Norton.

Adler, A. (1992). *What life could mean to you* (C. Brett, Trans.). Oxford, England: Oneworld. (Original work published in 1931)

Adler, K. (1994). Foreword. In E. Hoffman (Ed.), *The drive for self: Alfred Adler and the founding of individual psychology* (p. xii). New York, NY: Addison-Wesley.

Alizadeh, H. (2012). Individual psychology and Islam: An exploration of social interest. *The Journal of Individual Psychology, 68,* 216-224.

Ansbacher, H. L. (1972a). Adlerian psychotherapy: The tradition of brief psychotherapy. *Individual Psychology: Journal of Adlerian Theory,*

Research & Practice, 28, 137–151.

Ansbacher, H. L. (1972b). Goal oriented individual psychology: Alfred Adler's theory. In A. Burton (Ed.), *Operational theories of personality* (pp. 99– 142). New York, NY: Brunner/Mazel.

Ansbacher, H. L. (1983). Individual psychology. In R. J. Corsini & A. J. Marsella (Eds.), *Personality theories, research, and assessment* (pp. 69– 123). Itasca, IL: Peacock.

Ansbacher, H. L. (1991). The development of Adler's concept of social interest: A critical study. *Individual Psychology: Journal of Adlerian Theory, Research & Practice, 47,* 64–65.

Ansbacher, H. L. (1992a). Alfred Adler, pioneer in prevention of mental disorders. *Individual Psychology: Journal of Adlerian Theory, Research & Practice, 48,* 3–34.

Ansbacher, H. L. (1992b). Alfred Adler's concept of community feeling and of social interest and the relevance of community feeling for old age. *Individual Psychology: Journal of Adlerian Theory, Research & Practice, 48,* 402–412.

Ansbacher, H. L., & Ansbacher, R. R. (Eds.). (1956). *The individual psychology of Alfred Adler: A systematic presentation in selections from his writings.* New York, NY: Harper Torchbooks.

Ansbacher, H. L., & Ansbacher, R. R. (Eds. & Trans.). (1978). *Alfred Adler: Cooperation between the sexes: Writings on women and men, love and marriage, and sexuality.* Garden City, NY: Anchor Books.

Arciniega, G. M., Anderson, T. C., Tovar-Blank, Z. G., & Tracey, T. J. G. (2008). Toward a fuller conception of machismo: Development of a traditional machismo and caballerismo scale. *Journal of Counseling Psychology, 55,* 19–33. http://dx.doi.org/10.1037/0022-0167.55.1.19

Arciniega, G. M., & Newlon, B. J. (1999). Counseling and psychotherapy: Multicultural considerations. In D. Capuzzi & D. R. Gross (Eds.), *Counseling & psychotherapy: Theories and interventions* (2nd ed., pp. 435–458). Upper Saddle River, NJ: Merrill/Prentice-Hall.

Bagger, E. (1925, September 25). Inferiority sense held to be our chief enemy: Dr. Adler, founder of "Individual Psychology," claims war can be eliminated and love problems solved by attacking this foe—at variance with Freud. *The New York Times*. Retrieved from http://www.nytimes.com

Balla, M. (2003). Raissa Epstein Adler: Socialist, activist, feminist—1873-1962. In Adlerian Society of the United Kingdom and The Institute for Individual Psychology (Eds.), *Adlerian yearbook, 2003* (pp. 50-58). Wiltshire, England: Anthony Rowe.

Bankart, C. P. (1997). *Talking cures: A history of Western and Eastern psychotherapies*. Pacific Grove, CA: Brooks/Cole.

Baruth, L. G., & Manning, M. L. (1987). God, religion, and the life tasks. *Individual Psychology: Journal of Adlerian Theory, Research & Practice, 43*, 429-436.

Bass, M. L., Curlette, W. L., Kern, R. M., & McWilliams, A. E., Jr. (2002). Social interest: A meta-analysis of a multidimensional construct. *The Journal of Individual Psychology, 58*, 4-34.

Bazzano, M. (2008). When Rogers met Adler: Notes on power, masculinity, and gender in person-centered therapy. *Adlerian Yearbook, 2007*, 125-135.

Bickhard, M., & Ford, B. (1991). Adler's concept of social interest: A critical explication. *Individual Psychology: Journal of Adlerian Theory, Research & Practice, 47*, 61-63.

Bitter, J. R. (2008). Reconsidering narcissism: An Adlerian-feminist response to the articles in the special section of *The Journal of Individual Psychology*, Volume 63, Issue 2. *The Journal of Individual Psychology, 64*, 270-279.

Bitter, J. R. (2013). *Theory and practice of family therapy and counseling* (2nd ed.). Belmont, CA: Brooks Cole.

Bitter, J. R., & Nicoll, W. G. (2000). Adlerian brief therapy with individuals: Process and practice. *The Journal of Individual Psychology, 56*, 31-44.

Bitter, J. R., Robertson, P. E., Healey, A. C., & Jones-Cole, L. K. (2009). Reclaiming a profeminist orientation in Adlerian therapy. *The Journal of Individual Psychology, 65*, 13-33.

Bottome, P. (1939). *Alfred Adler: Apostle of freedom.* New York, NY: G. P. Putnam's.

Boyd-Franklin, N. (1989). Five key factors in the treatment of Black families. *Journal of Psychotherapy & the Family, 6,* 53-69.

Brack, G., Hill, M. B., Edwards, D., Grootboom, N., & Lassiter, P. S. (2003). Adler and Ubuntu: Using Adlerian principles in the New South Africa. *The Journal of Individual Psychology, 59,* 316-326.

Bridge, D. J., & Voss, J. L. (2014). Hippocampal binding of novel information with dominant memory traces can support both memory stability and change. *The Journal of Neuroscience, 34,* 2203-2213. http://dx.doi.org/10.1523/JNEUROSCI.3819-13.2014

Carey, T. A., & Mullan, R. J. (2004). What is Socratic questioning? *Psychotherapy: Theory, Research, Practice, Training, 41,* 217-226. http://dx.doi.org/10.1037/0033-3204.41.3.217

Carlson, J. D. (1989). On beyond Adler. *Individual Psychology: The Journal of Adlerian Theory, Research & Practice, 45,* 411-413.

Carlson, J. D. (2000). Individual psychology in the year 2000 and beyond: Astronaut or dinosaur? Headline or footnote? *The Journal of Individual Psychology, 56,* 3-13.

Carlson, J. D. (2015a). 100 years of psychotherapy. *New Therapist, 100,* 22-25.

Carlson, J. D. (2015b). *Meditation and mindfulness* (NASAP Tap Talk). Retrieved from https://nasap.memberclicks.net/assets/media/TAPTALKS/jon%20carlson%20mindfulness.mp3

Carlson, J. D., & Dinkmeyer, D. C., Jr. (2003). *Time for a better marriage.* Atascadero, CA: Impact.

Carlson, J. D., & Englar-Carlson, M. (2012). Adlerian therapy. In J. Frew & M. Spiegler (Eds.), *Contemporary psychotherapies for a diverse world* (1st ed. rev., pp. 87-130). New York, NY: Routledge.

Carlson, J. D., Englar-Carlson, M., & Emavardhana, T. (2011). Was Adler from Bangkok? Applying an Adlerian/Buddhist approach in Thailand. *The Journal of Individual Psychology, 67,* 349-363.

Carlson, J. D., Englar-Carlson, M., & Emavardhana, T. (2012). Individual psychology in Thailand. *The Journal of Individual Psychology, 68*, 397–410.

Carlson, J. D., & Johnson, J. (2009). Adlerian therapy. In I. Marini & M. A. Stebnicki (Eds.), *The professional counselor's desk reference* (pp. 371–377). New York, NY: Springer.

Carlson, J. D., & Lorelle, S. (2016a). Daily dialogue. In G. Weeks, S. Fife, & C. Peterson (Eds.), *Techniques for the couple's therapist: Essential interventions* (pp. 62–66). New York, NY: Routledge.

Carlson, J. D., & Lorelle, S. (2016b). Taking ownership. In G. Weeks, S. Fife, & C. Peterson (Eds.), *Techniques for the couple's therapist: Essential interventions* (pp. 83–86). New York, NY: Routledge.

Carlson, J. D., & Slavik, S. (1997). *Techniques in Adlerian psychology.* Philadelphia, PA: Taylor & Francis.

Carlson, J. D., & Sperry, L. (1998). Adlerian psychotherapy as a constructivist psychotherapy. In M. F. Hoyt (Ed.), *The handbook of constructive therapies: Innovative approaches from leading practitioners* (pp. 68–82). San Francisco, CA: Jossey-Bass.

Carlson, J. D., & Sperry, L. (2000). *Brief therapy with individuals and couples.* Phoenix, AZ: Zeig, Tucker & Theisen.

Carlson, J. D., Watts, R. E., & Maniacci, M. (2006). *Adlerian psychotherapy.* Washington, DC: American Psychological Association.

Carlson, J. M., & Carlson, J. D. (2000). The application of Adlerian psychotherapy with Asian Americans. *The Journal of Individual Psychology, 56*, 214–225.

Carns, M. R., & Carns, A. W. (2006). A review of the professional literature concerning the consistency of the definition and application of Adlerian encouragement. In S. Slavik & J. Carlson (Eds.), *Readings in the theory of individual psychology* (pp. 277–293). New York, NY: Taylor & Francis.

Chandler, C. K. (1995). Contemporary Adlerian reflections on homosexuality and bisexuality. *Individual Psychology: The Journal of Adlerian Theory, Research & Practice, 51*, 82–89.

Chaplin, M. P., & Orlofsky, J. L. (1991). Personality characteristics of male alcoholics as revealed through their early recollections. *Individual Psychology: The Journal of Adlerian Theory, Research & Practice, 47*, 356–371.

Cheston, S. E. (2000). The spirituality of encouragement. *The Journal of Individual Psychology, 56*, 296–303.

Chung, R. C., & Bemak, F. (1998). Lifestyle of Vietnamese refugee women. *The Journal of Individual Psychology, 54*, 373–384.

Clark, A. J. (2002). *Early recollections: Theory and practice of counseling and psychotherapy*. New York, NY: Routledge.

Clark, A. J. (2007). *Empathy in counseling psychotherapy: Perspectives and practices*. Mahwah, NJ: Erlbaum.

Clark, A. J. (2013). *Dawn of memories: The meaning of early recollections*. New York, NY: Rowman & Littlefield.

Close, R. E. (2015). Adlerian counseling in a virtual world: Some implications of internet practice for the development of *Gemeinschaftsgefühl*. *The Journal of Individual Psychology, 71*, 155–162. http://dx.doi.org/10.1353/jip.2015.0017

Comas-Diaz, L. (2014). Multicultural psychotherapy. In F. T. L. Leong, L. Comas-Diaz, G. C. Nagayama Hall, V. C. McLoyd, & J. E. Trimble (Eds.), *APA handbook of multicultural psychology: Vol. 2. Applications and training* (pp. 419–441). http://dx.doi.org/10.1037/14187-024

Connor, D. R., & Callahan, J. L. (2015). Impact of psychotherapist expectations on client outcomes. *Psychotherapy, 52*, 351–362. http://dx.doi.org/10.1037/a0038890

Conoley, C. W., Pontrelli, M. E., Oromendia, M. F., Carmen Bello, B. D., & Nagata, C. M. (2015). Positive empathy: A therapeutic skill inspired by positive psychology. *Journal of Clinical Psychology, 71*, 575–583. http://dx.doi.org/10.1002/jclp.22175

Constantino, M. J., Arnkoff, D. B., Glass, C. R., Ametrano, R. M., & Smith, J. Z. (2011). Expectations. *Journal of Clinical Psychology, 67*, 184–192. http://dx.doi.org/10.1002/jclp.20754

Corey, G. (2016). *Theory and practice of counseling and psychotherapy* (10th ed.). Belmont, CA: Brooks-Cole.

Crandall, J. (1984). Social interest as a moderator of life stress. *Journal of Personality and Social Psychology, 47*, 164–174. http://dx.doi.org/10.103 7/0022-3514.47.1.164

Curlette, W. L., Wheeler, M. S., & Kern, R. M. (1993). *Basis-A Inventory technical manual.* Highlands, NC: TRT.

Dagley, J. C. (2000). Adlerian family therapy. In A. M. Horne (Ed.), *Family counseling and therapy* (3rd ed., pp. 366–419). Itasca, IL: Peacock.

Daugherty, D. A., Murphy, M. J., & Paugh, J. (2001). An examination of the Adlerian construct of social interest with criminal offenders. *Journal of Counseling & Development, 79*, 465–479.

Debb, S. M., & Blitz, D. L. (2010). Relating ethnic differences and quality of life assessment to individual psychology through the biopsychosocial model. *The Journal of Individual Psychology, 66*, 270–289.

DeRobertis, E. (2011). Deriving a third force approach to child development from the works of Alfred Adler. *Journal of Humanistic Psychology, 51*, 492–515. http://dx.doi.org/10.1177/0022167810386960

Dinkmeyer, D. C., Dinkmeyer, D. C., Jr., & Sperry, L. (1987). *Adlerian counseling and psychotherapy* (2nd ed.). Columbus, OH: Merrill.

Dinkmeyer, D. C., & Dreikurs, R. (1963). *Encouraging children to learn.* Englewood Cliffs, NJ: Prentice-Hall.

Dinkmeyer, D. C., & Losoncy, L. E. (1980). *The encouragement book: Becoming a positive person.* Englewood Cliffs, NJ: Prentice-Hall.

Dinkmeyer, D. C., & Losoncy, L. E. (1996). *The skills of encouragement: Bringing out the best in yourself and others.* Delray Beach, FL: St. Lucie Press.

Dinkmeyer, D. C., Sr., McKay, G. D., & Dinkmeyer, D. C., Jr. (2008). *The parent's handbook.* Circle Pines, MN: American Guidance Service.

Dinkmeyer, D. C., Jr., & Sperry, L. (2000). *Counseling and psychotherapy: An integrated, individual psychology approach* (3rd ed.). Upper Saddle River, NJ: Merrill/Prentice Hall.

Dreikurs, R. (1958). *Psychology in the classroom.* New York, NY: Harper.

Dreikurs, R. (1967). *Psychodynamics, psychotherapy, and counseling.* Chicago, IL: Alfred Adler Institute.

Dreikurs, R. (1971). *Social equality: The challenge of today.* Chicago, IL: Regnery.

Dreikurs, R. (1973). *Psychodynamics, psychotherapy, and counseling: Collected papers* (Rev. Ed.). Chicago, IL: Alfred Adler Institute.

Dreikurs, R., & Cassell, P. (1972). *Discipline without tears.* New York, NY: Penguin.

Dreikurs, R., & Mosak, H. H. (1967). The tasks of life: II. The fourth task. *The Individual Psychologist, 4,* 51-55.

Dreikurs, R., & Soltz, V. (1964). *Children: The challenge.* New York, NY: Hawthorn Books.

Dufrene, R. L. (2011). Adlerian theory. In D. Capuzzi & D. R. Gross (Eds.), *Counseling and psychotherapy* (5th ed., pp. 95-118). Alexandria, VA: American Counseling Association.

Eckstein, D., Aycock, K. J., Sperber, M. A., McDonald, J., Van Wiesner, V. I., Watts, R. E., & Ginsburg, P. (2010). A review of 200 birth-order studies: Lifestyle characteristics. *The Journal of Individual Psychology, 66,* 408-434.

Eckstein, D., & Cooke, P. (2005). The seven methods of encouragement for couples. *The Family Journal, 13,* 342-350. http://dx.doi.org/10.1177/106 6480705276384

Eckstein, D., & Kaufman, J. A. (2012). The role of birth order in personality: An enduring intellectual legacy of Alfred Adler. *The Journal of Individual Psychology, 68,* 60-61.

Ecrement, E. R., & Zarski, J. J. (1987). The pastor-as-counselor: Adlerian contributions to the process. *Individual Psychology: The Journal of Adlerian Theory, Research & Practice, 43,* 461-467.

Edwards, D. J., Gfroerer, K., Flowers, C., & Whitaker, Y. (2004). The relationship between social interest and coping resources in children. *Professional School Counseling, 7,* 187-194.

Ellenberger, H. F. (1981). *The discovery of the unconscious: The history and evolution of dynamic psychiatry* (Rev. ed.). New York, NY: Basic Books.

Ellis, A. (2000). Spiritual goals and spirited values in psychotherapy. *Individual Psychology: The Journal of Adlerian Theory, Research & Practice, 56,* 277-284.

Engel, J. (2008). *American therapy: The rise of psychotherapy in the United States.* New York, NY: Gotham Books.

Erguner-Tekinalp, B., & Terzi, S. (2014). Coping, social interest, and psychological birth order as predictors of resilience in Turkey. *Applied Research in Quality of Life, 2,* 509-524. http://dx.doi.org/10.1007/s11482 -014-9378-3

Erickson, R. C. (1984). Social interest: Relating Adlerian psychology to Christian theology. *Pastoral Psychology, 32,* 131-139. http://dx.doi.org/ 10.1007/BF01082956

Evans, T. D. (1996). Encouragement: The key to reforming classrooms. *Educational Leadership, 54,* 81-85.

Evans, T. D., Dedrick, R. F., & Epstein, M. J. (1997). Development and initial validation of the encouragement scale (educator form). *The Journal of Humanistic Education and Development, 35,* 163-174. http://dx.doi. org/10.1002/j.2164-4683.1997.tb00366.x

Falicov, C. J. (2010). Changing constructions of machismo for Latino men in therapy: "The devil never sleeps." *Family Process, 49,* 309-329. http:// dx.doi.org/10.1111/j.1545-5300.2010.01325.x

Falicov, C. J. (2014). *Latino families in therapy* (2nd ed.). New York, NY: Guilford.

Ferguson, E. D. (2001). Adler and Dreikurs: Cognitive-social dynamic innovators. *The Journal of Individual Psychology, 57,* 324-341.

Ferguson, E. D. (2015). Alfred Adler's profound understanding of social motivation. *The General Psychologist, 49,* 18-20.

Ferrero, A. (2012). The model of sequential brief-Adlerian psychodynamic psychotherapy (SB-APP): Specific features in the treatment of borderline personality disorder. *Ricerca In Psicoterapia/Research In Psychotherapy: Psychopathology, Process and Outcome, 15,* 32-45.

Ferrero, A., Piero, A., Fassina, S., Massola, T., Lanteri, A., Daga, G. A., & Fassino, S. (2007). A 12-month comparison of brief psychodynamic psychotherapy and pharmacotherapy treatment in subjects with generalised anxiety disorders in a community setting. *European Psychiatry, 22,* 530-539. http://dx.doi.org/10.1016/j.eurpsy.2007.07.004

Fiebert, M. (1997). In and out of Freud's shadow: A chronology of Adler's relationship with Freud. *Individual Psychology: The Journal of Adlerian Theory, Research & Practice, 53,* 241-269.

Frevert, V. S., & Miranda, A. O. (1998). A conceptual formulation of the Latin culture and the treatment of Latinos from an Adlerian psychology perspective. *The Journal of Individual Psychology, 54,* 291-309.

Gallagher, P. E. (1998). Review of the BASIS-A Inventory (Basic Adlerian Scales for Interpersonal Success—Adult Form). In J. C. Impara & L. L. Murphy (Eds.), *The thirteenth mental measurements yearbook* (pp. 81-82). Lincoln, NE: Buros Institute.

Gilbert, D. (2006). *Stumbling on happiness.* New York, NY: Knopf.

Gilman, R. (2001). The relationship between life satisfaction, social interest, and frequency of extracurricular activities among adolescent students. *Journal of Youth and Adolescence, 30,* 749-767. http://dx.doi.org/10.1023/A:1012285729701

Giordano, A. L., & Cashwell, C. S. (2014). Exploring the relationship between social interest, social bonding, and collegiate substance abuse. *Journal of College Counseling, 17,* 222-235. http://dx.doi.org/10.1002/j.2161-

1882.2014.00059.x

Giordano, A. L., Clarke, P. B., & Furter, R. T. (2014). Predicting substance abuse relapse: The role of social interest and social bonding. *Journal of Addictions & Offender Counseling, 35*, 114-127. http://dx.doi.org/10.1002/j.2161-1874.2014.00030.x

Glass, J., & Owen, J. (2010). Latino fathers: The relationship among machismo, acculturation, ethnic identity, and paternal involvement. *Psychology of Men & Masculinity, 11*, 251-261. http://dx.doi.org/10.1037/a0021477

Goleman, D. (2015). *A force for good: The Dalai Lama's vision for our world.* New York, NY: Bantam.

Griffith, J. (2006). Adler's organ jargon. In S. Slavik & J. D. Carlson (Eds.), *Readings in the theory of individual psychology* (pp. 83-90). New York, NY: Taylor & Francis.

Griffith, J., & Powers, R. L. (2007). *The lexicon of Adlerian psychology* (2nd ed.). Port Townsend, WA: Adlerian Psychology Associates.

Hammond, H. (2015). Social interest, empathy, and online support groups. *The Journal of Individual Psychology, 71*, 174-184. http://dx.doi.org/10.1353/jip.2015.0008

Handlbauer, B. (1998). *The Freud-Adler controversy.* Oxford, England: Oneworld.

Hanna, F. J. (1996). Community feeling, empathy, and intersubjectivity: A phenomenological framework. *The Journal of Individual Psychology, 52*, 22-30.

Hanna, F. J. (1998). A transcultural view of prejudice, racism, and community feeling: The desire and striving for status. *The Journal of Individual Psychology, 54*, 336-345.

Hartshorne, J. K., Salem-Hartshorne, N., & Hartshorne, T. S. (2009). Birth order effects in the formation of long-term relationships. *The Journal of Individual Psychology, 65*, 156-176.

Hays, P. (2009). Integrating evidence-based practice, cognitive-behavior therapy, and multicultural therapy: Ten steps for culturally competent practice. *Professional Psychology: Research and Practice, 40,* 354–360. http://dx.doi.org/10.1037/a0016250

Heiland, F. (2009). Does the birth order affect the cognitive development of a child? *Applied Economics, 41,* 1799–1818. http://dx.doi.org/10.1080 /00036840601083220

Hendrix, H., Hunt, H. L. K., Luquet, W., & Carlson, J. (2015). Using the Imago dialogue to deepen couple's therapy. *The Journal of Individual Psychology, 71,* 253–272. http://dx.doi.org/10.1353/jip.2015.0029

Herring, R. D., & Runion, K. B. (1994). Counseling ethnic children and youth from an Adlerian perspective. *Journal of Multicultural Counseling and Development, 22,* 215–226. http://dx.doi.org/10.1002/j.2161-1912.1994. tb00255.x

Hoffman, E. (1994). *The drive for self: Alfred Adler and the founding of individual psychology.* Reading, MA: Addison Wesley.

Hoyt, M. F. (2009). *Brief psychotherapies: Principles and practices.* Phoenix, AZ: Zeig, Tucker & Theisen.

Hoyt, M. F., & Talmon, M. (2014). *Capturing the moment: Single session therapy and walk-in services.* Bristol, CT: Crown House.

Huber, R. J. (1991). On beyond Adler and anamnesis. *Individual Psychology: Journal of Adlerian Theory, Research & Practice, 47,* 433–436.

Johansen, T. M. (2005). Applying individual psychology to work with clients of the Islamic faith. *The Journal of Individual Psychology, 61,* 174–184.

Johnson, P., Smith, A. J., & Nelson, M. D. (2003). Predictors of social interest in young adults. *The Journal of Individual Psychology, 59,* 281–292.

Jones, S. L., & Butman, R. E. (1991). *Modern psychotherapies: A comprehensive Christian appraisal.* Downers Grove, IL: Inter Varsity Press Academic.

Jones-Smith, E. (2012). *Theories of counseling and psychotherapy: An integrative approach.* Thousand Oaks, CA: Sage.

Kanz, J. E. (2001). The applicability of individual psychology for work with conservative Christian clients. *The Journal of Individual Psychology, 57,*

342-353.

Kawulich, B. B., & Curlette, W. L. (1998). Life tasks and the Native American perspectives. *The Journal of Individual Psychology, 54,* 359-367.

Kelly, F. D. (2002). The effects of locus of control, gender, and grade upon children's preference for praise or encouragement. *The Journal of Individual Psychology, 58,* 197-207.

Kelly, F. D., & Daniels, J. G. (1997). The effects of praise versus encouragement on children's perceptions of teachers. *Individual Psychology: Journal of Adlerian Theory, Research & Practice, 53,* 331-341.

Kern, R., Gfroerer, K., Summers, Y., Curlette, W., & Matheny, K. (1996). Lifestyle, personality, and stress coping. *Individual Psychology: Journal of Adlerian Theory, Research & Practice, 52,* 42-53.

Kim, E., & Hogge, I. (2013). An Adlerian conceptualization of Korean women with hwa-byung. *The Journal of Individual Psychology, 69,* 41-54.

Kim, E., Park, H. J., & Hogge, I. (2015). Examination of the Adlerian con structs of activity and social interest with depression among recent Korean retirees: Meaning in life as a mediator. *Archives of Gerontology and Geriatrics, 61,* 378-383. http://dx.doi.org/10.1016/j.archger.2015.07.003

King, R., & Shelley, C. (2008). Community feeling and social interest: Adlerian parallels, synergy and differences with the field of community psychology. *Journal of Community & Applied Social Psychology, 18,* 96-107. http://dx.doi.org/10.1002/casp.962

Kottler, J. A. (2002). *Theories in counseling and therapy: An experiential approach.* Boston, MA: Allyn & Bacon.

Kottler, J. A., Englar-Carlson, M., & Carlson, J. D. (Eds.). (2013). *Helping beyond the 50-minute hour: Therapists engaged in social action.* New York, NY: Routledge.

Kottman, T. (2011). *Play therapy: Basics and beyond* (2nd ed.). Alexandria, VA: American Counseling Association.

Kottman, T., & Ashby, J. (2015). Adlerian play therapy. In D. Crenshaw & A. Stewart (Eds.), *Play therapy: A comprehensive guide to theory and practice* (pp. 32–47). New York, NY: Guilford Press.

Kottman, T., & Meany-Walen, K. (2016). *Partners play: An Adlerian approach to play therapy* (3rd ed.). Alexandria, VA: American Counseling Association.

Lambert, M. J. (2013). The efficacy and effectiveness of psychotherapy. In M. Lambert (Ed.), *Handbook of psychotherapy and behavior change* (6th ed., pp. 169–218). New York, NY: Wiley and Sons.

Lambert, S. F., LeBlanc, M., Mullen, J. A., Ray, D., Baggerly, J., White, J., & Kaplan, D. (2007). Learning more about those who play in session: The National Play Therapy in Counseling Practices Project (Phase 1). *Journal of Counseling & Development, 85*, 42–46. http://dx.doi.org/10.1002/j.1556-6678.2007.tb00442.x

La Roche, M., & Christopher, M. (2009). Changing paradigms from empirically supported treatment to evidence–based practice: A cultural perspective. *Professional Psychology: Research and Practice, 40*, 396–402. http://dx.doi.org/10.1037/a0015240

Lazarus, A. A. (1997). *Brief but comprehensive psychotherapy: The multimodal way.* New York, NY: Springer.

Leak, G. K., & Leak, K. C. (2006). Adlerian social interest and positive psychology: A conceptual and empirical integration. *The Journal of Individual Psychology, 62*, 207–223.

Leak, G. K., & Williams, D. (1991). Relationship between social interest and perceived family environment. *Individual Psychology: Journal of Adlerian Theory, Research & Practice, 47*, 159–165.

Lewis, T. F., & Watts, R. E. (2004). The predictability of Adlerian lifestyle themes compared to demographic variables associated with college student drinking. *The Journal of Individual Psychology, 60*, 245–264.

Lindquist, T., & Watkins, K. (2014). Modern approaches to modern challenges: A review of widely used parenting programs. *The Journal of Individual*

Psychology, 70, 148–165. http://dx.doi.org/10.1353/jip.2014.0013

Love, P., & Carlson, J. D. (2011). *Never be lonely again: The way out of emptiness, isolation and a life unfulfilled.* New York, NY: HCI Books.

Luborsky, L., Rosenthal, R., Diguer, L., Andrusyna, T. P., Berman, J. S., Levitt, J. T., . . . Krause, E. D. (2002). The dodo bird verdict is alive and well—Mostly. *Clinical Psychology: Science and Practice, 9,* 2–12. http://dx.doi.org/10.1093/clipsy.9.1.2

Main, F. O., & Boughner, S. R. (2011). Encouragement and actionable hope: The source of Adler's clinical agency. *The Journal of Individual Psychology, 67,* 269–291.

Manaster, G. J., & Corsini, R. J. (1982). *Individual psychology: Theory and practice.* Chicago, IL: Adler School of Professional Psychology.

Maniacci, M. (2012). An introduction to Alfred Adler. In J. Carlson & M. Maniacci (Eds.), *Alfred Adler revisited* (pp. 1–10). New York, NY: Routledge.

Maniacci, M. P., Sackett-Maniacci, L., & Mosak, H. H. (2014). Adlerian psychotherapy. In D. Wedding & R. J. Corsini (Eds.), *Current psychotherapies* (10th ed., pp. 55–94). Belmont, CA: Cengage Learning.

Mansager, E. (2000). Individual psychology and the study of spirituality. *The Journal of Individual Psychology, 56,* 371–388.

Mansager, E., Cold, L., Griffith, B., Kai, E., Manaster, G., McArter, G., . . . Silverman, N. N. (2002). Spirituality in the Adlerian forum. *The Journal of Individual Psychology, 58,* 177–196.

Matteson, D. R. (1995). Counseling with bisexuals. *Individual Psychology: Journal of Adlerian Theory, Research & Practice, 51,* 144–159.

McBrien, R. J. (2004). Expanding social interest through forgiveness. *The Journal of Individual Psychology, 60,* 408–419.

McGoldrick, M., Giordano, J., & Garcia-Preto, N. (2005). Overview: Ethnicity and family therapy. In M. McGoldrick, J. Giordano, & N. Garcia-Preto (Eds.), *Ethnicity and family therapy* (3rd ed., pp. 1–40). New York, NY: Guilford Press.

McKay, G. D. (2012). Position in family constellation influences lifestyle. In J. D. Carlson & M. Maniacci (Eds.), *Alfred Adler revisited* (pp. 71–88). New York, NY: Routledge.

Meany-Walen, K. K., Bratton, S. C., & Kottman, T. (2014). Effects of Adlerian play therapy on reducing students'disruptive behaviors. *Journal of Counseling & Development, 92,* 47–56. http://dx.doi.org/10.1002/j.1556-6676.2014.00129.x

Meany-Walen, K. K., Bullis, Q., Kottman, T., & Dillman Taylor, D. (2015). Group Adlerian play therapy with children with off-task behaviors. *Journal for Specialists in Group Work, 40,* 294–314. http://dx.doi.org/10.1080/01933922.2015.1056569

Meany-Walen, K. K., Kottman, T., Bullis, Q., & Dillman Taylor, D. (2015). Effects of Adlerian play therapy on children's externalizing behavior. *Journal of Counseling & Development, 93,* 418–428. http://dx.doi.org/10.1002/jcad.12040

Meunier, G. F. (1989). Encouragement groups with nursing–home elderly. *Individual Psychology: Journal of Adlerian Theory, Research & Practice, 45,* 459–464.

Miller, S., Wampold, B., & Varhely, K. (2008). Direct comparisons of treatment modalities for youth disorders: A meta-analysis. *Psychotherapy Research, 18,* 5–14. http://dx.doi.org/10.1080/10503300701472131

Milliren, A. P., & Clemmer, F. (2006). Introduction to Adlerian psychology: Basic principles and methodology. In S. Slavik & J. D. Carlson (Eds.), *Readings in the theory of individual psychology* (pp. 17–32). New York, NY: Routledge.

Milliren, A. P., Evans, T. D., & Newbauer, J. F. (2007). Adlerian theory. In D. Capuzzi & D. R. Gross (Eds.), *Counseling and psychotherapy: Theories and interventions* (4th ed., pp. 123–163). Upper Saddle River, NJ: Merrill Prentice-Hall.

Mills, K. J., & Mooney, G. A. (2013). Methods of ranking birth order: The neglected issue in birth order research. *The Journal of Individual*

Psychology, 69, 357-370.

Miranda, A. O., & Fraser, L. D. (2002). Culture-bound syndromes: Initial perspectives from individual psychology. *The Journal of Individual Psychology, 58*, 422-433.

Miranda, A. O., Frevert, V. S., & Kern, R. M. (1998). Lifestyle differences between bicultural, and low and high acculturation level Latinos. *Individual Psychology: Journal of Adlerian Theory, Research & Practice, 54*, 119-134.

Moore, N., & McDowell, T. (2014). Expanding Adlerian application: The tasks, challenges, and obstacles for African American parents. *The Journal of Individual Psychology, 70*, 114-127. http://dx.doi.org/10.1353/jip.2014.0011

Mosak, H. H. (1989). Adlerian psychotherapy. In R. J. Corsini & D. Wedding (Eds.), *Current psychotherapies* (4th ed., pp. 64-116). Itasca, IL: Peacock.

Mosak, H. H. (2005). Adlerian psychotherapy. In R. J. Corsini & D. Wedding (Eds.), *Current psychotherapies* (7th ed., pp. 52-95). Belmont, CA: Brooks/Cole.

Mosak, H. H., & Di Pietro, R. (2006). *Early recollections: Interpretative method and application.* New York, NY: Routledge.

Mosak, H. H., & Maniacci, M. P. (1998). *Tactics in counseling and psychotherapy.* Itasca, IL: F.E. Peacock.

Mosak, H. H., & Maniacci, M. P. (1999). *A primer of Adlerian psychology: The analytic-behavioral-cognitive psychology of Alfred Adler.* Philadelphia, PA: Taylor & Francis.

Mozdzierz, G. J. (2015). Pragmatics and operational principles of positive psychology research and clinical findings with implications for Adlerian psychology. *The Journal of Individual Psychology, 71*, 362-398. http://dx.doi.org/10.1353/jip.2015.0033

Mozdzierz, G. J., Greenblatt, R. L., & Murphy, T. J. (2007). The measurement and clinical use of social interest: Validation of the Sulliman Scale of Social Interest on a sample of hospitalized substance abuse patients.

The Journal of Individual Psychology, 63, 225-234.

Mozdzierz, G. J., & Krauss, H. H. (1996). The embeddedness of Alfred Adler in modern psychology: Social policy and planning implications. Individual Psychology: Journal of Adlerian Theory, Research & Practice, 52, 224-236.

Nicoll, W. G., Bitter, J. R., Christensen, O. C., & Hawes, C. (2000). Adlerian brief therapy: Strategies and tactics. In J. D. Carlson & L. Sperry (Eds.), Brief therapy with individuals and couples (pp. 220-247). Phoenix, AZ: Zeig, Tucker & Theisen.

Nietzsche, F. (1888). Twilight of idols. London, England: Oxford University Press.

Nikelly, A., & Dinkmeyer, D. (1971). Techniques for behavior change: Applications of Adlerian theory. Springfield, IL: Charles C Thomas.

Noda, S. J. (2000). The concept of holism in individual psychology and Buddhism. The Journal of Individual Psychology, 56, 285-295.

Norcross, J. C. (Ed.). (2002). Psychotherapy relationships that work: Therapist contributions and responsiveness to patient needs. New York, NY: Oxford University Press.

Norcross, J. C., Hedges, M., & Prochaska, J. O. (2002). The face of 2010: A Delphi poll on the future of psychotherapy. Professional Psychology: Research and Practice, 33, 316-322. http://dx.doi.org/10.1037/0735-7028. 33.3.316

Norcross, J. C., Krebs, P. M., & Prochaska, J. O. (2011). Stages of change. Journal of Clinical Psychology, 67, 143-154. http://dx.doi.org/10.1002/ jclp.20758

Orgler, H. (1963). Alfred Adler: The man and his works: Triumph over the inferiority complex. New York, NY: Mentor Books. (Original work published in 1939)

Overholser, J. C. (2010). Psychotherapy that strives to encourage social interest: A simulated interview with Alfred Adler. Journal of Psychotherapy Integration, 20, 347-363. http://dx.doi.org/10.1037/a0022033

Parham, T. A. (2002). Counseling African Americans: The current state of affairs. In T. A. Parham (Ed.), *Counseling persons of African descent: Raising the bar of practitioner competence* (pp. 1–9). http://dx.doi.org/10.4135/9781452229119.n1

Pedrotti, J. T. (2011). Broadening perspectives: Strategies to infuse multiculturalism into a positive psychology course. *The Journal of Positive Psychology, 6*, 506–513. http://dx.doi.org/10.1080/17439760.2011.634817

Pedrotti, J. T., Edwards, L. M., & Lopez, S. (2009). Positive psychology within a cultural context. In S. Lopez & C. Snyder (Eds.), *The Oxford handbook of positive psychology* (2nd ed., pp. 49–57). New York, NY: Oxford University Press.

Peluso, P. R. (2012). Personality as a self-consistent unity: A contemporary view. In J. D. Carlson & M. Maniacci (Eds.), *Alfred Adler revisited* (pp. 57–70). New York, NY: Routledge.

Perkins-Dock, R. E. (2005). The application of Adlerian family therapy with African American families. *The Journal of Individual Psychology, 61*, 233–249.

Pety, J., Kelly, F. D., & Kafafy, A. E. (1984). The Praise–Encouragement Preference scale for children. *Individual Psychology: Journal of Adlerian Theory, Research & Practice, 40*, 92–101.

Phelps, R. E., Tranakos-Howe, S., Dagley, J. C., & Lyn, M. K. (2001). Encouragement and ethnicity in African American college students. *Journal of Counseling & Development, 79*, 90–97. http://dx.doi.org/10.1002/j.1556-6676.2001.tb01947.x

Phillips, F. B. (1990). NTU psychotherapy: An Afrocentric approach. *Journal of Black Psychology, 17*, 55–74. http://dx.doi.org/10.1177/00957984900171005

Powers, R. L., & Griffith, J. (1987). *Understanding lifestyle: The psycho-clarity process.* Port Townsend, WA: Adlerian Psychology Associates.

Prochaska, J. O., & Norcross, J. C. (2010). *Systems of psychotherapy* (7th ed.). Belmont, CA: Brooks/Cole.

Prochaska, J. O., Norcross, J. C., & DiClemente, C. C. (2007). *Changing for good: A revolutionary six-stage program for overcoming bad habits and moving your life positively forward.* New York, NY: William Morrow.

Pryor, D. B., & Tollerud, T. R. (1999). Applications of Adlerian principles in school settings. *Professional School Counseling, 2,* 299–304.

Rasmussen, P. R. (2010). *The quest to feel good.* New York, NY: Routledge/Taylor & Francis Group.

Ratts, M. J., Singh, A. A., Nassar-McMillan, S. C., Butler, S. K., & McCullough, J. R. (2016). Multicultural and social justice counseling competencies: Guidelines for the counseling profession. *Journal of Multicultural Counseling and Development, 44,* 28–48. http://dx.doi.org/10.1002/jmcd.12035

Reddy, I., & Hanna, F. J. (1995). The lifestyle of the Hindu woman: Conceptualizing female clients of Indian origin. *The Journal of Individual Psychology, 51,* 216–230.

Roberts, R. L., Harper, R., Caldwell, R., & Decora, M. (2003). Adlerian lifestyle analysis of Lakota women: Implications for counseling. *The Journal of Individual Psychology, 59,* 15–29.

Roberts, R. L., Harper, R., Tuttle Eagle Bull, D., & Heideman-Provost, L. M. (1998). The Native American medicine wheel and individual psychology: Common themes. *The Journal of Individual Psychology, 54,* 135–145.

Rogers, C. (1961). *On becoming a person.* Boston, MA: Houghton Mifflin.

Rowles, J., & Duan, C. (2012). Perceived racism and encouragement among African American adults. *Journal of Multicultural Counseling and Development, 40,* 11–23. http://dx.doi.org/10.1111/j.2161-1912.2012.00002.x

Rubel, D. J., & Ratts, M. J. (2011). Diversity and social justice issues in counseling and psychotherapy. In D. Capuzzi & D. R. Gross (Eds.), *Counseling and psychotherapy* (5th ed., pp. 29–51). Alexandria, VA: American Counseling Association.

Santiago-Valles, W. F. (2009). Social interest: Context and impact of Raissa Epstein's ideas on Alfred Adler's social imaginary (1897–1935). *The Journal of Individual Psychology, 65*, 360–379.

Sapp, M. (2006). The strength-based model for counseling at-risk youths. *The Counseling Psychologist, 34*, 108–117. http://dx.doi.org/10.1177/0011000005282370

Sapp, M. (2014). Adlerian counseling and hypnosis: Strategies for African American adolescents. *Australian Journal of Clinical Hypnotherapy and Hypnosis, 36*, 37–46.

Sauerheber, J. D., & Bitter, J. R. (2013). An Adlerian approach in premarital counseling with religious couples. *The Journal of Individual Psychology, 69*, 305–327.

Shelley, C. (2009). Trans people and social justice. *The Journal of Individual Psychology, 65,* 386–396.

Shifron, R. (2010). Adler's need to belong as the key for mental health. *The Journal of Individual Psychology, 66*, 10–29.

Shulman, B. H. (1973). *Contributions to individual psychology.* Chicago, IL: Alfred Adler Institute.

Shulman, B. H., & Mosak, H. H. (1977). Birth order and ordinal position: Two Adlerian views. *Journal of Individual Psychology, 33*, 114–121.

Shulman, B. H., & Mosak, H. H. (1988). *Manual for life style assessment.* Muncie, IN: Accelerated Development.

Slavik, S., & Carlson, J. D. (2006). *Readings in the theory of individual psychology.* New York, NY: Taylor & Francis.

Slavik, S., Sperry, L., & Carlson, J. D. (2000). Efficient Adlerian therapy with individuals and couples. In J. D. Carlson & L. Sperry (Eds.), *Brief therapy withindividuals and couples* (pp. 248–263). Phoenix, AZ: Zeig, Tucker & Theisen.

Smith, T. B., Rodriguez, M. D., & Bernal, G. (2011). Culture. *Journal of Clinical Psychology, 67*, 166–175. http://dx.doi.org/10.1002/jclp.20757

Sonstegard, M. A., Bitter, J. R., & Pelonis, P. (2004). *Adlerian group counseling and therapy: Step-by-step.* New York, NY: Routledge.

Sperry, L. (1989). Special issue: Varieties of brief therapy. *Individual Psychology: Journal of Adlerian Theory, Research & Practice, 45,* 1-2.

Sperry, L. (1991). An alternative future for individual psychology: A challenging agenda for NASAP. *Individual Psychology: Journal of Adlerian Theory, Research & Practice, 47,* 548-553.

Sperry, L. (2011). Core competencies and competence-based Adlerian psychotherapy. *The Journal of Individual Psychology, 67,* 380-390.

Sperry, L. (2015). Diagnosis, case conceptualization, culture, and treatment. In L. Sperry, J. Carlson, J. D. Sauerheber, & J. Sperry (Eds.), *Psychopathology and psychotherapy: DSM-5 diagnosis, case conceptualization, and treatment* (3rd ed., pp. 1-14). New York, NY: Routledge.

Sperry, L. (2016a). Educating the next generation of psychotherapists: Considering the future of theory and practice in Adlerian Psychotherapy. *The Journalof Individual Psychology, 72,* 4-11.

Sperry, L. (2016b). *Handbook of diagnosis and treatment of DSM-5 personality disorders* (3rd ed.). New York, NY: Routledge.

Sperry, L., & Carlson, J. (2012a). Continuing our global look at individual psychology. *The Journal of Individual Psychology, 68,* 309.

Sperry, L., & Carlson, J. (2012b). The global significance of individual psychology: An introduction and overview. *The Journal of Individual Psychology, 68,* 205-209.

Sperry, L., & Carlson, J. D. (2013). *How master therapists work: Effecting change from first through the last session and beyond.* New York, NY: Routledge.

Sperry, L., Carlson, J. D., Sauerheber, J., & Sperry, J. (2015). *Psychopathology and psychotherapy: DSM-5 diagnosis, case conceptualization, and treatment* (3rd ed.). New York, NY: Routledge.

Stein, H. T. (1991). Adler and Socrates: Similarities and differences. *Individual Psychology: Journal of Adlerian Theory, Research & Practice, 47,* 241-246.

Stein, H. T. (2013). *Classical Adlerian depth psychotherapy: Vol. 1. Theory and practice: A Socratic approach.* Bellingham: Adler Institute of Northwestern Washington.

Stein, H. T., & Edwards, M. E. (1998). Alfred Adler: Classical theory and practice. In P. Marcus & A. Rosenberg (Eds.), *Psychoanalytic versions of the human condition: Philosophies of life and their impact on practice* (pp. 64–93). New York, NY: New York University Press.

Stewart, A. E. (2012). Issues in birth order research methodology: Perspectives from individual psychology. *The Journal of Individual Psychology, 68,* 75–106.

Sue, S., & Zane, N. (1987). The role of culture and cultural techniques in psychotherapy. A critique and reformulation. *American Psychologist, 42,* 37–45. http://dx.doi.org/10.1037/0003-066X.42.1.37

Sun, S., & Bitter, J. R. (2012). From China to South Korea: Two perspectives on individual psychology in Asia. *The Journal of Individual Psychology, 68,* 233–248.

Suprina, J. S., Brack, C. J., Chang, C. Y., & Kim, J. (2010). Differences of lifestyle and coping resources between gay men with and without alcohol problems. *The Journal of Individual Psychology, 66,* 166–187.

Sweeney, T. J. (2009). *Adlerian counseling and psychotherapy: A practitioner's approach.* New York, NY: Taylor & Francis.

Uccello, C. (2009). Social interest and social responsibility in contemporary corporate environments. *The Journal of Individual Psychology, 65,* 412–419.

Vaihinger, H. (1924). *The philosophy of "as if ": A system of the theoretical, practical and religious fictions of mankind.* London, England: Routledge & Kegan Paul.

Wampold, B. E. (2010). *The basics of psychotherapy: An introduction to theory and practice.* Washington, DC: American Psychological Association.

Wampold, B. E., & Imel, Z. E. (2015). *The great psychotherapy debate: The evidence for what makes psychotherapy work* (2nd ed.). New York, NY: Routledge.

Watkins, C. E. (1997). An Adlerian reaction in the spirit of social interest: Dialogue worth reckoning with. *Journal of Cognitive Psychotherapy, 11,* 211–214.

Watkins, C. E., & Blazina, C. (1994). Reliability of the Sulliman Scale of Social Interest. *Individual Psychology: Journal of Adlerian Theory, Research & Practice, 50,* 164–165.

Watts, R. E. (1998). The remarkable similarity between Rogers' core conditions and Adler's social interest. *The Journal of Individual Psychology, 54,* 4–9.

Watts, R. E. (2000a). Biblically based Christian spirituality and Adlerian psychotherapy. *The Journal of Individual Psychology, 56,* 316–328.

Watts, R. E. (2000b). Entering the new millennium: Is individual psychology still relevant? *The Journal of Individual Psychology, 56,* 21–30.

Watts, R. E. (Ed.). (2003). *Adlerian, cognitive, and constructivist psychotherapies: An integrative dialogue.* New York, NY: Springer.

Watts, R. E. (2012). On the origin of the striving for superiority and of social interest (1933). In J. D. Carlson & M. Maniacci (Eds.), *Alfred Adler revisited* (pp. 41–46). New York, NY: Routledge.

Watts, R. E., & Carlson, J. D. (Eds.). (1999). *Interventions and strategies in counseling and psychotherapy.* Philadelphia, PA: Taylor & Francis.

Watts, R. E., & Critelli, J. W. (1997). Roots of contemporary cognitive theories in the individual psychology of Alfred Adler. *Journal of Cognitive Psychotherapy, 11,* 147–156.

Watts, R. E., & LaGuardia, A. C. (2015, March). *Being a therapeutic chameleon: Integrative Adlerian procedures and techniques for effective brief counseling.* Presented at the American Counseling Association World Conference, Orlando, FL.

Watts, R. E., Peluso, P. R., & Lewis, T. F. (2005). Expanding the acting as if technique: An Adlerian/constructive integration. *The Journal of Individual Psychology, 61,* 380–387.

Watts, R. E., & Phillips, K. A. (2004). Adlerian psychology and psychotherapy: A relational constructivist approach. In J. D. Raskin & S. K. Bridges

(Eds.), *Studies in meaning 2: Bridging the personal and social in constructivist psychology* (pp. 267–289). New York, NY: Pace University Press.

Watts, R. E., & Pietrzak, D. (2000). Adlerian "encouragement" and the therapeutic process of solution-focused brief therapy. *Journal of Counseling & Development, 78*, 442–447. http://dx.doi.org/10.1002/j.1556-6676.2000.tb01927.x

Watts, R. E., & Shulman, B. H. (2003). Integrating Adlerian and constructive psychotherapies: An Adlerian perspective. In R. E. Watts (Ed.), *Adlerian, cognitiveand constructivist theories of counseling and psychotherapy: An integrative dialogue* (pp. 9–37). New York, NY: Springer.

Westen, D., Novotny, C. M., & Thompson-Brenner, H. (2005). EBP ≠ EST: Reply to Crits-Christoph et al. (2005) and Weisz et al. (2005). *Psychological Bulletin, 131*, 427–433. http://dx.doi.org/10.1037/0033-2909.131.3.427

Whaley, A. L., & Davis, K. E. (2007). Cultural competence and evidence-based practice in mental health services: A complementary perspective. *American Psychologist, 62*, 563–574. http://dx.doi.org/10.1037/0003-066X.62.6.563

Williams, C. B. (2005). Counseling African American women: Multiple identities—multiple constraints. *Journal of Counseling & Development, 83*, 278–283. http://dx.doi.org/10.1002/j.1556-6678.2005.tb00343.x

Wong, Y. J. (2015). The psychology of encouragement: Theory, research, and applications. *The Counseling Psychologist, 43*, 178–216. http://dx.doi.org/10.1177/0011000014545091

Wood, A. (2003). Alfred Adler's treatment as a form of brief therapy. *Journal of Contemporary Psychotherapy, 33*, 287–301. http://dx.doi.org/10.1023/B:JOCP.0000004500.47149.8d

Yang, J., & Milliren, A. (2009). *The psychology of courage: An Adlerian handbook for healthy social living.* New York, NY: Routledge.

내 용

저자 소개

존 칼슨(Jon Carlson, PsyD, EdD, ABPP) 박사는 시카고에 있는 아들러 대학교의 아들러 심리학 석좌교수이자 위스콘신주 레이크 제네바에 있는 안녕클리닉(Wellness Clinic)의 심리학자이다. 또한 일리노이주 유니버시티 파크에 있는 거버너스 주립대학교 심리학 및 상담학부의 명예교수이기도 하다. 칼슨 박사는 미국심리학회(APA), 미국상담학회(ACA), 위스콘신주 심리학회 회원으로 활동하고 있다. 그는 62권의 책과 180편 이상의 논문 및 책의 장을 집필했으며, 전 세계 대학과 교육센터에서 사용되는 300편 이상의 전문 교육 비디오를 제작했다. 이 중 5편의 비디오와 7권의 책은 아들러 심리치료에 관한 것이다. 또한 그는 『개인심리학회지(The Journal of Individual Psychology)』와 『가족학 학회지(The Family Journal)』를 포함한 여러 학술지의 편집자로 활동했다.

그는 가족 심리학과 아들러 심리학에서 각각 전문 자격(diplomate)을 보유하고 있으며, 알프레트 아들러 연구소(현재 아들러 대학교)에서 심리치료 인증서(Certificate of Psychotherapy)를 받았다. 또한 북미아들러심리학회(NASAP)에서 평생 공로상을 수상했다. 칼슨 박사는 미국심리학회 심리치료발전협회(Division 29)로부터 심리치료에 대한 평생 공로로 저명한 심리학자상(Distinguished Psychologist Award)을 받았으며, 2011년에는 미국심리학회로부터 교육 및 훈련에 대한 저명한 경력 공로상(Distinguished Career Contributions to Education and Training Award)을 수상했다.

매트 잉글러-칼슨(Matt Englar-Carlson, PhD) 박사는 캘리포니아 주립대학교 풀러턴 캠퍼스 상담학 교수이자 소년 및 남성 연구 센터(Center for Boys and Men) 소장으로 활동하고 있다. 그는 미국심리학회 제51부문, 남성과 남성성에 대한 심리학 연구회(Society for the Psychological Study of Men and Masculinity) 펠로우로 선정되었다. 잉글러-칼슨 박사는 아들러 심리학을 기반으로 한 양육 환경 속에서 성장했으며, 문화적으로 민감한 아들러 실제를 촉진하는 데 관심이 있다. 학자이자 교육자, 임상가로서 그는 인간의 다양한 스펙트럼을 아우르며 남성 내담자들과 더 효과적으로 일할 수 있도록 임상가들을 교육하는 데 주력하고 있다. 그는 40편 이상의 학술 논문을 발표했으며, 65회에 달하는 국내외 발표를 진행했다. 이 중 대부분은 남성과 남성성, 사회 정의, 심리학 교육 및 실제에서의 다양성 문제, 그리고 심리치료 이론에 초점을 맞추고 있다. 잉글러-칼슨 박사는 『남성과 함께 하는 상담실: 치료적 변화를 위한 사례집(In the Room with Men: A Casebook of Therapeutic Change)』『문제가 있는 소년들을 위한 상담: 전문가를 위한 안내서(Counseling Troubled Boys: A Guidebook for Professionals)』『50분 치료 회기를 넘어서: 의미 있는 사회적 활동에 참여하는 치료자들(Beyond the 50-Minute Hour: Therapists Involved in Meaningful Social Action)』『남성과 함께 일하는 상담자를 위한 안내서(A Counselor's Guide to Working with Men)』등의 책을 공동 편집했으며, 미국심리학회에서 제작한 DVD인 〈심리치료에 남성을 참여시키는 법(Engaging Men in Psychotherapy)〉에도 출연했다. 그는 남성과 남성성에 대한 심리학 연구회로부터 올해의 연구자 및 전문가로 선정되었다. 임상가로서 그는 학교, 지역사회, 대학 정신 건강 기관에서 아동, 성인, 가족과 함께 일해 오고 있다.

역자 소개

강영신(Kang, Young-Shin)
Northeastern University 철학 박사(상담심리 전공)
현) 전남대학교 심리학과 교수
〈주요 저·역서〉
개인심리학적 상담: 아들러 상담(공저, 학지사, 2021)
성격심리학(2판, 공저, 학지사, 2018)
아들러 심리치료의 실제(공역, 학지사, 2022)
아들러 상담이론과 실제(공역, 학지사, 2005)

유리향(Yu, Li-Hyang)
전남대학교 교육학 박사(상담심리 전공)
현) 서울 신서초등학교 교사
〈주요 저·역서〉
개인심리학적 상담: 아들러 상담(공저, 학지사, 2021)
교사를 위한 아들러 심리학(공저, 학지사, 2018)
아들러 심리치료의 실제(공역, 학지사, 2022)
용기의 심리학(공역, 학지사, 2015)

오익수(Oh, Ik-Soo)
전남대학교 교육학 박사(교육상담 전공)
현) 광주교육대학교 교육학과 명예교수
〈주요 저·역서〉
개인심리학적 상담: 아들러 상담(공저, 학지사, 2021)
교사를 위한 아들러 심리학(공저, 학지사, 2018)
아들러 심리치료의 실제(공역, 학지사, 2022)
용기의 심리학(공역, 학지사, 2015)

아들러 심리치료
Adlerian Psychotherapy

2025년 3월 10일 1판 1쇄 인쇄
2025년 3월 20일 1판 1쇄 발행

지은이 • Jon Carlson · Matt Englar-Carlson
옮긴이 • 강영신 · 유리향 · 오익수
펴낸이 • 김진환
펴낸곳 • ㈜ **학지사**
　　　　04031 서울특별시 마포구 양화로 15길 20 마인드월드빌딩
대표전화 • 02)330-5114　　　팩스 • 02)324-2345
등록번호 • 제313-2006-000265호

홈페이지 • http://www.hakjisa.co.kr
인스타그램 • https://www.instagram.com/hakjisa

ISBN 978-89-997-3372-7　93180

정가 16,000원

출판미디어기업 **학지사**

간호보건의학출판 **학지사메디컬** www.hakjisamd.co.kr
심리검사연구소 **인싸이트** www.inpsyt.co.kr
학술논문서비스 **뉴논문** www.newnonmun.com
교육연수원 **카운피아** www.counpia.com
대학교재전자책플랫폼 **캠퍼스북** www.campusbook.co.kr